Pedro Calderón de la Barca

El castillo
de Lindabridis

Barcelona **2024**
Linkgua-ediciones.com

Créditos

Título original: El castillo de Lindabridis.

© 2024, Red ediciones S.L.

e-mail: info@linkgua.com

Diseño de cubierta: Michel Mallard

ISBN tapa dura: 978-84-9897-349-5.
ISBN rústica: 978-84-9816-404-6.
ISBN ebook: 978-84-9897-198-9.

Sumario

Brevísima presentación

La vida

Pedro Calderón de la Barca (Madrid, 1600-Madrid, 1681). España.

Su padre era noble y escribano en el consejo de hacienda del rey. Se educó en el colegio imperial de los jesuitas y más tarde entró en las universidades de Alcalá y Salamanca, aunque no se sabe si llegó a graduarse.

Tuvo una juventud turbulenta. Incluso se le acusa de la muerte de algunos de sus enemigos. En 1621 se negó a ser sacerdote, y poco después, en 1623, empezó a escribir y estrenar obras de teatro. Escribió más de ciento veinte, otra docena larga en colaboración y alrededor de setenta autos sacramentales. Sus primeros estrenos fueron en corrales.

Lope de Vega elogió sus obras, pero en 1629 dejaron de ser amigos tras un extraño incidente: un hermano de Calderón fue agredido y, éste al perseguir al atacante, entró en un convento donde vivía como monja la hija de Lope. Nadie sabe qué pasó.

Entre 1635 y 1637, Calderón de la Barca fue nombrado caballero de la Orden de Santiago. Por entonces publicó veinticuatro comedias en dos volúmenes y *La vida es sueño* (1636), su obra más célebre. En la década siguiente vivió en Cataluña y, entre 1640 y 1642, combatió con las tropas castellanas. Sin embargo, su salud se quebrantó y abandonó la vida militar. Entre 1647 y 1649 la muerte de la reina y después la del príncipe heredero provocaron el cierre de los teatros, por lo que Calderón tuvo que limitarse a escribir autos sacramentales.

Calderón murió mientras trabajaba en una comedia dedicada a la reina María Luisa, mujer de Carlos II el Hechizado. Su hermanó José, hombre pendenciero, fue uno de sus editores más fieles.

Esta es un hilarante comedia de enredos ambientada en un mundo mitológico.

Personajes

Acompañamiento de criados
Acompañamiento de damas
Arminda
Claridiana, dama disfrazada de caballero
Coros
Fauno
Febo, galán
Floriseo, galán
Lindabridis, dama
Malandrín, criado
Meridián, galán, hermano de Lindabridis
Rey Licanor
Rosicler, galán
Sirene

Jornada primera

(Dentro Rosicler, Floriseo, Fauno y criados.)

Rosicler   ¡Talad de este horizonte
                               la rústica cerviz!

Floriseo   ¡Al valle!

Criado   ¡Al monte!

Floriseo   ¡A la cumbre!

Criado   ¡A lo llano!

Fauno   Muchos cobardes sois, pero es en vano
                               temer yo tanto número de gente;
                               que mil cobardes no hacen un valiente
                               para lidiar conmigo.

(Sale Fauno, vestido de pieles y con un bastón grande y nudoso, lo más extraño y feroz que pueda, y tras él don Rosicler con espada desnuda.)

Rosicler   Yo solamente, bárbaro, te sigo;
                               porque tengo tu vida
                               a mi fama ofrecida,
                               y he de quitar de este gitano imperio
                               la esclavitud que todo su hemisferio
                               padece, a tus rigores enseñado.

Fauno   ¿Sabes que soy el Fauno endemoniado,
                               hijo feroz, como mi ser lo avisa,
                               de un espíritu y de una pitonisa,
                               compuesto de hombre, de demonio y fiera,

escándalo del mar y de la esfera,
vivo horror de esta lóbrega montaña
y escollo vivo de esa azul campaña?

Rosicler

Sé que son tus prodigios singulares
peligro de estos montes y estos mares.

Fauno

Si tanto aliento tienes
que ya lo sabes y a matarme vienes,
atrévete, infelice caballero,
a hacer campo conmigo. Yo te espero
en esta cueva oscura,
donde —partida, no la lumbre pura
del Sol, que hermoso alumbra,
sino la oscuridad, sino la sombra
de la noche importuna,
jeroglífico ya de la Fortuna—
harás campo conmigo.

Rosicler

¿Qué esperas? Ya te sigo.

Fauno

Pues ya la infausta boca,
de quien mordaza fue una dura roca,

(Aparte.)

está abierta, entra, pues. (Así pretendo
que entren todos tras él, porque, saliendo
yo por la gruta que desotra parte
obró naturaleza sin el arte,
se pierdan todos dentro,
y sea su sepulcro el triste centro
desta bóveda oscura.
Tendrán a un tiempo muerte y sepultura.)

(Vase.)

Rosicler	Hoy sabrás que no puedo ver yo el semblante pálido del miedo.

(Sale don Floriseo.)

Floriseo	¿Dónde vas de esa suerte?
Rosicler	A dar al Fauno en esa cueva muerte.
Floriseo	Entremos, pues.
Rosicler	Yo solo le haré guerra.
Floriseo	Sin mí tú no has de entrar.

(Luchan los dos sobre cuál ha de entrar, suenan dentro cajas, clarines y voces, y los dos, al oírlo, se suspenden.)

Voces	¡A tierra, a tierra!
Rosicler	¿Qué repetidas voces desacordadas suenan y veloces?
Floriseo	Tierra dicen, mas es en la montaña, que a ser la parte que Neptuno baña, ser bajel era cierto que aportaba a la paz deste desierto.
Rosicler	Pues sea lo que fuere, déjame entrar.

(Vuelven a luchar.)

Floriseo	Sin mí jamás lo espere

osado tu valor; y más si creo
el gran prodigio que en el aire veo.

(Descúbrese el castillo.)

Rosicler   ¡Gran maravilla encierra!
          ¡Santos cielos! ¿Qué es esto?

Voces   ¡A tierra, a tierra!

Rosicler   Con más causa me admiro
          cuando el horror, que no encareces, miro;
          pues la estación vacía,
          claraboya diáfana del día,
          es mar que con asombros
          sufre un bajel de piedra, y en sus hombros
          a errar tan veloz llega
          que sobre golfos de átomos navega.

Floriseo   Un castillo eminente
          es la proa del cubo de la frente;
          ondas de vidrio corre;
          árbol mayor es una excelsa torre,
          jarcias son las almenas,
          de banderolas y estandartes llenas,
          popa una cristalina galería,
          hermoso espejo en que se toca el día.
          El farol es un Sol que en arreboles
          duplica rayos, multiplica soles;
          y, en fin, todo portento,
          es pájaro del mar y pez del viento.
          Mas, por dejar la admiración pasmada,
          sin plumas vuela, sin escamas nada,
          con presunción tan grave

12

que, atendido mejor, ni es pez ni es ave.

Rosicler

¡Oh tú, ciudad movible,
si eres tu dueño tú o inaccesible
el timón te gobierna o el piloto
que halló camino en rumbo tan remoto,
abate, abate el vuelo,
y déte abrigo este gitano suelo,
si ya el mar no te espera,
que tú tendrás el mar por tu ribera!
Pues quien sulca en el viento,
¿quién duda que en el mar tendrá su asiento?

(Baja el castillo.)

Floriseo

A tus voces parece
que el castillo se humilla o se agradece,
pues, posado en la roca
que a la cueva del Fauno abrió la boca,
le deja sepultado,
seguro el monte ya, y a ti vengado.

(Asiéntase en tierra el castillo y abren la puerta.)

Rosicler

Un pasmo a otro sucede, pues, abiertas
del castillo veloz las altas puertas,
un escuadrón de ninfas se me ofrece.

Floriseo

La isla del Fauno isla del Sol parece.

(Salen todas las damas que puedan, Sirene, Arminda y Lindabridis, vestidas ricamente, y traerá Arminda una rodela, y en ella un cartel.)

Lindabridis

Si una mujer peregrina

hallar piedad es posible,
por peregrina y mujer,
en vuestros pechos, decidme,
¿qué tierra es ésta que toco?
¿Qué montes los que se miden
con las estrellas? ¿Qué mares
los que su esmeralda ciñen?
Porque me importa saber,
antes que su arena pise,
qué clima es y quién la habita,
qué tierra es y quién la rige.

Rosicler   Huéspeda hermosa del aire,
porque mis voces te obliguen
a pagar también en voces
esa deuda que me pides,
escúchame. Este caduco
homenaje que resiste
embates de mar y viento,
con dos enemigos firme,
es el Cáucaso eminente.
Esta isla, donde asiste
el endemoniado Fauno,
albergue fue oscuro y triste
a quien ese muro ya
de monumento le sirve.
La corona de este imperio
es Menfis, y quien la rige
es el magno Tolomeo,
dueño del alma de Euclides.
Yo soy Rosicler de Tracia,
hermano soy invencible
del caballero del Febo.
El que a tu deidad se rinde

don Floriseo es de Persia.
A tan remotos países
nos trajo ambición de honor;
que éste en nuestros pechos vive.
A vencer vine un prodigio,
a cuya empresa me sigue
Floriseo; que los dos
profesamos las insignes
leyes de caballería;
y si mi intento consigue
vencer la duda, que ya
dentro del alma reside,
con mayor causa diré,
agradecido y humilde,
venciendo mis confusiones,
que a vencer prodigios vine.

Lindabridis   Tartaria, aquella provincia
que sobre las dos cervices
de África y Asia se sienta,
rica, hermosa y apacible,
aquélla que dos mitades
del orbe abraza y divide,
línea de plata el Orontes,
pauta de cristal el Tigris,
es mi patria. Hija soy noble
de Brutamonte, felice
rey de Tartaria. Mi nombre,
en ofensa de Floripes,
de Angélica y Bradamante,
es la sin par Lindabridis,
heredera de su imperio,
si el hado no me lo impide;
pues a esta instancia discurro

el orbe. Y porque os admire
el oírme como el verme,
con más atención oídme.
Es de mi patria heredada
costumbre que no apellide
el pueblo príncipe augusto,
ni le adore, ni se humille
al hijo mayor del rey;
que solo hereda y preside
el que él en su testamento
a la hora de morirse
deja en sus hijos nombrado;
que así el imperio consigue
altos reyes, porque todos,
por llegar a preferirse
a sus hermanos, se crían
magnánimos y sutiles,
doctos en ciencias y en armas,
sin que ley tan sola olvide
las hembras, pues no lo es
que el ser mujeres nos quite
la acción de reinar. En fin,
atentos a la sublime
dignidad, yo y Meridián
mi hermano, segundo Ulises,
nos criamos en Tartaria.
Bien os acordáis que dije
que la elección heredaba,
porque el nacer era libre;
pues, rendido Brutamonte,
humano Sol, a su eclipse
—ioh violencia, qué no postras!
ioh humanidad, qué no rindes!—
llegó el caso de nombrar

sucesor —ilance terrible!—
entre mí e Meridián;
y al tiempo que «Herede», dice,
«este imperio...», perdió el habla,
dejando confuso y triste
el reino; y pasando entonces
a mejor vida, pues vive
al lado del Sol, adonde
lucero añadido asiste,
dejó en duda la elección
y en bandos parcial y libre
la plebe que, alborotada,
por las calles se divide
diciendo unos «Meridián
viva» y otros «Lindabridis».
Llegó la pasión a extremos
tales que en guerras civiles
la Tartaria ardió. Ya eran
las campañas apacibles
de Flora selvas de Marte,
pues, variados los matices,
tal vez murieron claveles
los que nacieron jazmines.
Un día que frente a frente
los dos campos se compiten,
haciendo aceros y plumas
de un abril muchos abriles,
delante yo de mi gente,
ocupaba la invencible
espalda a una turca alfana,
que entre el copete y las crines
se ocultaba de tal forma
que, con las ondas que finge,
dio a entender que sus espumas

iba cortando en un cisne.
En otra parte mi hermano
un persa hipogrifo oprime,
tan fiero que, despreciando
su especie, osado y terrible,
se manchó de espuma y sangre;
gustando él que le salpiquen
por desmentirse caballo
con los remiendos de tigre.
Ya con el marcial estruendo
aun no dejaban oírse
lo robusto de las cajas,
lo dulce de los clarines,
cuando mi hermano, arbolando
un blanco estandarte, pide
licencia de hablar; y así
a dos ejércitos dice:
«Tártaros fuertes, si acaso
la cólera se permite
a la razón, y el orgullo
os deja el discurso libre,
paréntesis de la muerte
sean mis voces; oídme.
Lidie la razón primero
que la sinrazón hoy lidie.
Las heredadas costumbres
de este imperio se dirigen
a que su príncipe sea
en letras y armas insigne.
Pues si en mí los dos extremos
de ingenio y valor se miden,
¿por qué me desheredáis
tiranamente insufribles?
Mas porque de mi persona

los méritos se examinen,
rindámonos a un partido
para todos apacible.
Halle mi hermana un esposo
que, si me excede o compite
en valor, ingenio y gala,
desde aquí quiero rendirme
a sus plantas, y que él ciña
la corona que me quiten,
con calidad que, si ella,
en el tiempo que describe
el Sol un círculo entero,
plateando de perfiles
los vellones del Ariete
y las escamas del Piscis,
no le hallare, quede yo
quieto, pacífico y libre
en la posesión. Con esto
vuestros deseos consiguen
a menos riesgo un rey;
y yo cuantos ella envíe
esperaré en Babilonia
para que en entrambas lides
viva, tártaros, quien venza,
pues siempre quien vence vive.»
Dijo Meridián, y yo,
aunque responderle quise,
no pude, porque las voces
entre los aplausos viles
se perdieron. En efecto,
las condiciones le admiten,
volviendo yo a mi palacio
confusa, afligida y triste.
Aquí, pues, contando el caso

al docto, al mágico Antistes,
ayo mío, y de los cielos
el prodigio más sublime,
aquél cuya voz el Sol
respeta y en los viriles
de once cuadernos azules
leyó letras de rubíes,
me dijo, «Si has de buscar
un príncipe que te libre
de ese empeño, que discurras
el orbe es fuerza, y que animes
con tu hermosura el valor;
que no hay cosa que le incite
tanto; y porque más segura
todo el mundo peregrines,
hoy quiero lograr en ti
los más admirables fines
de mis mágicos estudios.
Este castillo en que asistes,
alcázar portátil sea,
sea palacio movible
que, a obediencia de tus voces,
ya se eleve o ya se incline.
Parte en él, porque en él lleves
las grandezas con que vives,
las galas que te hermosean,
y las damas que te sirven.»
Pronunció el acento apenas
último cuando ya gime
la torre, ya tiembla y ya
de la tierra se divide;
y, elevados en el viento
muros, campos y jardines,
de tan nueva Babilonia

todos éramos pensiles.
Ese pájaro que, cuando
vuela, los aires aflige;
ese pez que, cuando nada,
los crespos mares oprime;
ese monstruo que los montes,
cuando los habita, rinde;
ese escollo que navega,
ese monte que describe,
esa fábrica que nada,
ese, en fin, portento horrible
que miráis, es el famoso
castillo de Lindabridis.
Si sois, como lo mostráis
y vuestras personas dicen,
príncipes que de trofeos
habéis de orlar vuestros timbres;
si en defensa de las damas
vuestros aceros se visten,
ya con la espada en la mano,
ya con la lanza en el ristre,
buena ocasión se os ofrece.
A vuestras plantas se rinde
una hermosura que os ame,
un reino que os apellide,
una empresa que os ilustre,
una lid que os acredite,
una mujer que os adore
y un honor que os eternice.

(Vase Lindabridis.)

Rosicler   Espera, mujer.

Sirene

Detente;
estos umbrales no pises,
aunque la ocasión te llame,
aunque tu valor te anime,
si la acción perder no quieres
de las empresas que sigues.

(Vase Sirene.)

Floriseo

Escucha...

Arminda

Si estos aplausos
deseas, firma invencible
ese cartel y no intentes
violar su muro, aunque mires
arderse el castillo en fuego.
Esto importa.

(Vase, dejando fijo el cartel.)

Floriseo

Que le firme
no dudes. Este puñal
mi nombre en bronce describe.

Rosicler

No harás; porque estas empresas
son mías.

Floriseo

Contigo vine
a vencer un monstruo, a quien
ya todo ese monte oprime,
no a dejar tan alto empleo.

Rosicler

Pues ¿tú conmigo compites?

Floriseo	Desistir un hombre noble
	a tal causa es imposible.
	No compito a quien excedo.

Rosicler	Como la lengua lo dice,
	¿no lo dijera el acero?

Floriseo   Sí hiciera.

Rosicler   Pues calla y riñe.

(Sacan las espadas y riñen. Dentro Claridiana.)

Claridiana   Ten el caballo, que al pie
                     de aquel castillo arrogante,
                     que en competencia de Atlante
                     coluna del cielo fue,
                        los repetidos aceros
                     de dos jóvenes valientes
                     me llaman.

(Dentro Malandrín.)

Malandrín   Señor, no intentes
                     meter paces.

(Sale Claridiana, en traje de hombre.)

Claridiana   Caballeros,
                     si del duelo comenzado
                     tiene acaso en mi valor
                     apelación el favor,
                     lógrese el haber llegado
                     en una ocasión tan fuerte

quien vuestros riesgos impida.

Floriseo
No podréis; porque una vida
vive a costa de otra muerte.

Rosicler
Viviendo yo, no pudiera
vivir quien me compitió;
y, para que viva yo,
es forzoso que otro muera.
    Y así, joven, cuyo brío
mostráis bien, pues no podéis
ser nuestro adalid, seréis
juez de nuestro desafío.
    Vednos, pues, y, ya que advierto
en vos valor tan altivo,
dad luego un caballo al vivo
y una sepultura al muerto.

Floriseo
Esto los dos os pedimos;
y, sin esperar respuesta
que no admite más ley que ésta,
la causa por que reñimos.

Claridiana
Cuanto me pedís haré.

(Salen a la ventana del castillo Lindabridis, Sirene y Arminda.)

Sirene
Grande estruendo de armas suena.

Lindabridis
Desde esta dorada almena
del castillo los veré.

Claridiana
¡Qué bien mostráis que es de amor
lance tan duro y cruel!

24

Y así os presido, porque él
no admite medio mejor
   que morir matando. ¡Ea, pues,
reñid los dos igualmente;
que, habiendo de estar presente
yo a este duelo, cierto es
   que no habrá engaño o traición,
ventaja o alevosía.
Yo os hago seguro el día,
el campo y la ejecución.

(Riñen Floriseo y Rosicler.)

Arminda   Los dos riñen que testigos
de tus relaciones fueron.

Lindabridis   ¿Tan presto pasar pudieron
desde amigos a enemigos?

Floriseo   No has de ser conquistador
de esta aventura, viviendo
este brazo.

Rosicler   Yo defiendo
   que la merezco mejor.

Floriseo   Que la merezcas o no,
yo he de firmar el cartel.

Sirene   Por ti es el campo cruel.

Lindabridis   Pues remediarélo yo.
¡Ah del monte!

(Dejan de reñir.)

Floriseo
           Alma y acción
son ya despojos del viento.

Rosicler
           En su mismo movimiento
se ha helado la ejecución.

Claridiana
           ¡Bella mujer!

Lindabridis
Si el trofeo
de la encantada aventura
hoy vuestro esfuerzo procura,
que así del aire lo creo,
  y sobre firmar aquí
el cartel habéis reñido,
seña es de no haber leído
su condición.

Rosicler
           Es así.

Lindabridis
           Pues ¿quién por firmar se mata,
sin ver lo que ha de firmar?

Floriseo
           Quien de solo conquistar
tan nuevos aplausos trata;
  que el que lee la condición
de la dicha que pretende
su mismo valor ofende
y agravia su estimación;
  pues da a entender que, no siendo
la condición a su gusto,
no admite la dicha injusto
temor. Y, como pretendo

yo esta dicha conquistar,
con cualquiera de esta suerte
por firmar, me doy la muerte,
sin ver lo que he de firmar.

Rosicler

Yo, de esa voz advertido,
confieso que pude errar
en atreverme a firmar
condición que no he leído;
    y así he de leer el cartel
para aumentar mis blasones,
sabiendo las condiciones
con que cae mi firma en él;
    pues más valor muestra quien
a reñir osa salir,
sabiendo que va a reñir,
que no, aunque riña también,
    el que en la ocasión se halló,
pues uno y otro valiente,
aquél ve el inconveniente
que atropella y éste no.
    Veamos, en duda tan grave,
cuál más valor muestra ahora,
quien firma riesgos que ignora
o quien firma los que sabe.

(Lee el cartel.)

«El caballero diestro y animoso
que en el certamen muestre la osadía,
y a Meridián prefiera generoso
en la gala, el ingenio y valentía,
será rey de Tartaria, será esposo
de Lindabridis, cuya monarquía
le aclama en posesión quieta y segura,
rey de un imperio, dios de una hermosura.

Aquél, empero, que, al amor rendido,
al castillo los términos profane,
en cuanto, de los céfiros movido,
montes pise, ondas sulque, aires allane,
quedará de la acción desposeído,
ni consiga laurel, ni precio gane,
que ha de vagar, de este peligro esento,
páramos de cristal, golfos de viento.
   Aquel también osado caballero
que por celos, por ira y por venganza
en los términos dél saque el acero,
pierda el triunfo, el laurel y la esperanza.
Y no, porque a firmar llegue primero,
impida que otro firme, pues alcanza
más aplauso, más fama, más victoria
quien corona de méritos la gloria.»

   No leo más; y, pues no impide
mi fe otro competidor,
porque veáis que mi amor
con mi obediencia se mide,
   vuelvo a la vaina el acero;
que no tengo yo de hacer
hazañas para perder
dichas que ganar espero.

Floriseo   Cese entre los dos aquí
la lid, pues así tendrás
tú en mí una victoria más
y yo un triunfo más en ti.
   Y en tan firme competencia,
siendo la pluma un puñal
que en el papel de metal
escriba sin resistencia,

firma tu nombre.

Rosicler	Sí haré.

(Firma.)

Floriseo   Y yo al cielo haré testigo
de pleitear y ser tu amigo.

(Firma.)

Rosicler   Eso no hago yo.

Floriseo   ¿Por qué?

Rosicler   Porque en pleitos de afición
es vil la conformidad,
y celos sobre amistad
muy infames celos son.
   Ni sé yo que honor y fama
puedan acabar conmigo
que tenga yo por amigo
a quien pretende a mi dama.
   Y así hemos de ser los dos
contrarios desde este día;
que en amor no hay cortesía.

Floriseo   Dices bien; adiós.

Rosicler   Adiós.

(Vanse Floriseo y Rosicler.)

Arminda   Bizarros han procedido.

Sirene	Valiente es el Rosicler de Tracia.
Arminda	Pudiera ser habérmelo parecido, si el competidor no fuera el persiano Floriseo.
Lindabridis	Ninguno a mis ojos creo que ese afecto les debiera, mientras tuviesen delante al gallardo caballero que, llegando a ser tercero, tan cortés como arrogante, fue primero en el valor, el brío y el desenfado.
Sirene	¡Qué suspenso se ha quedado, estatua viva de amor!

(Sale Malandrín.)

Malandrín	Ya, señor, que se ausentaron los dos que a reñir vinieron y que, si no lo riñeron, por lo menos lo parlaron, me atrevo a llegar aquí; que, si la cuestión durara, en mi vida no llegara; porque yo en mi vida fui amigo de meter paz, desde un día que llegué, riñendo dos, y el que fue

el riñón más pertinaz
  me abrió un geme de cabeza,
por abrirla a su enemigo;
y luego, cortés conmigo,
me dijo con gran tristeza,
  cuando ya estaba en poder
de la quirurga impiedad:
«Caballero, perdonad;
que yo no lo quise hacer.»

Claridiana
    ¿Que de burlas, Maladrín,
vienes a darme la muerte?

Malandrín
    Pues ¿qué tenemos?

Claridiana
    Advierte
que hoy es de mi vida el fin.
  Aquesa fábrica bella
que escalar el cielo ves
la de Lindabridis es,
y Lindabridis aquélla
  que, con hermoso arrebol,
da a los campos alegría,
sin que le haga falta al día
irse ya poniendo el Sol.
    ¡Qué hermosa es! ¡Valedme, cielos!
Pero mírola celosa;
que quizá no es tan hermosa
a quien la mira sin celos.

Malandrín
    ¡Válgame el cielo! ¿Ésta es
aquella ligera torre
que en el mundo vuela y corre,
sin tener alas ni pies?

¿Y ésta la que día y noche
—de verla me maravillo—
dice, «Pónganme el castillo»,
como si dijera «el coche»,
    cuya caja es cal y canto
que por un encanto rueda?
Aunque en esto a otros no exceda,
pues no hay coche sin encanto,
    diciendo muy sin cuidado:
«Anda al reino del Mogor»
como «a la Calle Mayor,
a las vistillas o al Prado».
    Y, caminando ligero,
que el Sol no puede igualallo,
ni se le manca un caballo,
ni se emborracha un cochero.
    Éste...

Claridiana   Calla ya.

Malandrín   ¡Ay de mí!
                        No hablaré más que un jumento.

Claridiana (Aparte.)   (Dame, amor, atrevimiento,
                        y empiece tu engaño aquí.)

                        Si el respeto o el temor
                        con que a los umbrales llego
                        de este encantado prodigio,
                        fábula hermosa del tiempo,
                        puede merecer, señora,
                        cortés aplauso en un pecho
                        que labró amor de diamante,
                        dad licencia a un caballero

32

que, cortesano del mar,
que, ciudadano del viento,
batió, hasta llegar a verte,
las alas de sus deseos.
Sagrado voto de amor...

(Aparte.) (¡Mejor dijera de celos!)
...a su templo me trae, donde
rendido, humilde y sujeto
os sacrifico en sus aras
un alma y mil pensamientos;
y aun son pocos, cuando a vos
os adoro y os respeto
por ídolo de su altar,
por imagen de su templo.
No sé si el voto cumplí,
hermoso encanto, con esto;
pues quien va a cumplir un voto
se suele tener por cierto
que va a dejar las prisiones,
y yo por prisiones vengo.
El príncipe Claridiano
soy, de Trinacria heredero;
mis vasallos son el Etna
el Volcán y el Mongibelo.
¿Veis cuánto fuego os he dicho?
Pues muy poco os lo encarezco;
que es bien que un príncipe amante
vasallos tenga de fuego.
Para creencia los traigo
conmigo, el Etna en el pecho,
el Mongibelo en el alma,
y el Volcán en el aliento.
Dad, pues, licencia a que escriba
con el buril de este acero

mi nombre; no porque entienda
que, galán, valiente y cuerdo,
pueda merecer, señora,
de esa hermosura el imperio,
sino porque entienda solo
que morir amando puedo;
pues yo, con morir amando,
cumpliré con mis afectos.
Mirad a cuán poco aspiro,
mirad cuán poco me atrevo,
pues licencia de morir
os pido de cumplimiento.
Y ésta solo porque diga
en mi sepulcro un letrero:
«Aquí yace aquel amante
que quiso morir primero
que ver al dueño que amó
en los brazos de otro dueño.»
Y es verdad —pues a estorbarlo
desde la Trinacria vengo—
que si tengo de morir
de estorbarlo o de saberlo,
mejor será de estorbarlo;
que es muy cobarde o muy necio
el que se deja morir
del mal y no del remedio.
No me entenderéis; no importa;
que soy un enigma ciego,
tal que, apostando conmigo,
aun yo mismo no me entiendo.
Mas porque nunca os quejéis
de que os engañé, os advierto
que en todo cuanto os he dicho
os digo verdad y os miento.

Lindabridis	Príncipe trinacrio ilustre,
	cuyo valor, cuyo ingenio
	dirán bien espada y pluma,
	competidas a un tiempo,
	licencia para firmar
	las condiciones del duelo
	tenéis; que en pública lid
	a ningún aventurero
	se ha negado. A los demás
	ni respondo ni me atrevo;
	que, si vos no os entendéis,
	en mí no será defecto
	el no entenderos a vos.
	Mas por hablar en el mesmo
	estilo vuestro, os respondo
	que el venir os agradezco,
	pero no el haber venido,
	pues lo estimo y lo aborrezco;
	porque también soy enigma
	yo, que a dos sentidos tengo
	dos luces. Si no entendéis,
	no importa; que yo me entiendo.
(Aparte.)	(¡Válgate el cielo por joven!
	¡En qué confusión me has puesto!)

(Éntranse Lindabridis, Sirene, Arminda, y las otras damas.)

Malandrín	¡Cielos, qué de disparates
	atinados y compuestos
	os habéis dicho! Y habrá
	quien diga que son conceptos,
	sin haberlos entendido.

35

Claridiana	¡Oh, qué cansado y qué necio
	estás riyendo y hablando,
	cuando yo amando y muriendo!

Malandrín	Ya los dos estamos solos,
	nadie nos oye; bien puedo
	hablar contigo, señora.
	Si vienes con este intento
	determinada a estorbar
	el amor o los deseos
	de aquel descortés amante,
	el caballero del Febo,
	que a estas aventuras vino,
	y hallaste para este efecto
	ese arrogante caballo
	—tan desbocado y soberbio
	que, cuanto más le corrige
	la disciplina del freno,
	tanto más corre, y se para
	cuando siente sobre el cuello
	suelta la rienda— si, en fin,
	volando en él tanto viento,
	tanta tierra y tanto mar,
	has dado en este desierto
	con el castillo; si en él
	ha empezado tu deseo
	tan felizmente, ¿qué temes?

Claridiana	Que soy desdichada temo.
	A competir he venido
	—es verdad, yo lo confieso—
	al Febo en esta aventura,
	porque en ciencias y armas tengo
	experiencias y noticias,

con que aventurarme puedo
a salir con la victoria;
y, siendo yo sola dueño
de Lindabridis, dejar
burlados sus pensamientos;
pero cuanto —iay de mí triste!—
atrevida vine, luego
que la vi, quedé cobarde;
que éste es natural secreto
que trae consigo el temor.
Bien en los campos del viento
lo dice la garza, aquella
nave de pluma que, haciendo
proa el pico, vela el ala,
timón la cola, el pie remo,
sulca grave, vuela altiva,
hasta que se pasa al fuego
a ser mariposa en él,
por vivir otro elemento;
pues aunque al paso le salgan
mil pájaros bandoleros,
que son ladrones del aire,
de ninguno tiene miedo,
sino de aquél solamente
de quien ha de ser trofeo;
y así, erizada la pluma
y el copete descompuesto,
tiembla y huye, hasta que deja
la vida a sus manos, siendo
flor después de haber caído,
la que fue estrella cayendo.

Malandrín   Sobre los afectos reina
la razón.

Claridiana	Bien dices; quiero firmar el cartel y dar principio al fin. Mas ¿qué es esto? La primera firma dice: «El caballero del Febo.» ¡Dadme paciencia, cielos, si puede haber paciencia donde hay celos! ¡Ay ingrato! ¿Para mí firmas en arena fueron tus palabras, que duraron a la discreción del viento? ¿Para Lindabridis bella firmas en bronce y acero, que vivirán inmortales a la duración del tiempo? ¿Para mí escribiste en agua tantos perdidos requiebros, y para ella en bronce escribes la constancia de tu pecho? ¿A ella fineza, a mí olvido? ¿A ella agrado, a mí desprecio? ¿A ella firme, a mí mudable? ¿A ella apacible, a mí fiero? ¡Dadme paciencia, cielos, si puede haber paciencia...!

(Dentro Febo.)

Febo	¡Fuego, fuego!
Claridiana	¿Qué voz es tan temerosa la que en repetidos ecos quitó el impulso a mi acción,

hurtó el número a mi acento?

Malandrín   Sobre el campo de Neptuno
un Etna, señora, veo
que, brotantdo llamas, hace
guerra de dos elementos.

Claridiana   ¿Quién vio jamás —ioh qué horror!—
en campos de nieve ardiendo
montañas de humo? ¿Quién vio
abortar el agua fuego?

Malandrín   Bajel es.

Claridiana   No dices bien;
porque, alumbrando su incendio,
todo el bajel es farol,
antorcha ya de sí mesmo.
Oh, Neptuno, si eres dios,
¿cómo sufres que en tu reino
jurisdicción de otra esfera
esté abrasando, en desprecio
de tus ondas? ¿No te corres
que tu contrario soberbio
entre en los términos tuyos,
tiranizando tu imperio?

Malandrín   Norte vocal sean mis voces.
¡A tierra!

(Sale Febo cayendo.)

Febo   ¡Valedme, cielos!

(Se desmaya.)

Claridiana

Mísero aborto que el mar,
por despojo de esa guerra,
dio de barato a la tierra,
ya bien puedes respirar.
Vuelve en ti, vuelve a alentar.
Mas ¡ay!, que sangrienta y dura
el agua su fin procura;
y así a la tierra la advierte:
«Pues que yo le di la muerte,
dale tú la sepultura.»

(Pónese Claridiana una banda al rostro, y llega a Febo.)

Malandrín

Es verdad; que yerto y frío
yace.

Claridiana

Y yo, de asombros lleno,
tropiezo en el mal ajeno,
y voy cayendo en el mío.
De mi muerte desconfío,
porque mi vida me asombre,
y porque infeliz me nombre.
Detente, no espires, Sol;
deja, deja un arrebol
compadecido a tu nombre.
    Que Febo... —¡mísera suerte!—
...es... —¡tragedia lastimosa!—
...el que... —¡pena rigurosa!—
...arrojado... —trance fuerte!—
...del mar... —¡miserable muerte!—
...llegó... —¡tirano rigor!—
...a mis pies... —¡fiero dolor!—

...porque así... —¡valedme, cielos!—
...cuando él me mata de celos,
le vea yo muerto de amor.
　　Bien digo; pues sus rigores
es razón que yo presuma
que los castigó la espuma,
que es madre de los amores.
Ya son mis penas mayores.
Llorad, ojos; sentid, labios;
no os acordéis, poco sabios,
de ofensas hechas y dichas;
que es vil quien en las desdichas
se acuerda de los agravios.
　　Cesen, pues, venganzas fieras,
y haga finezas mi fe.
Vivieras, oh Febo, aunqué
en otros brazos vivieras.
Estas son las verdaderas
muestras de quien quiere y ama.
¡Oh mar, oh bajel, oh llama,
ya es occidente cruel
tu teatro, pues en él
murió Febo!

(Vuelve en sí Febo.)

Febo　　　　　　　　　¿Quién me llama?
　　　　　　　¿Dónde estoy, piadosos cielos?

Claridiana (Aparte.)　　¡Albricias, alma! (Mas no;
que si él vuelve a vivir, yo
volveré a morir de celos.
Mas viva él, y mis desvelos
vivan. Si en tan breves plazos,

oh Amor, ataste sus lazos,
y mi fe milagros labra,
no me tomes la palabra
de que viva en otros brazos.)

Febo

¿Quién eres tú, que con llanto
la voz en el aire quiebras
y mis exequias celebras?

Claridiana

Quien sintió tu muerte cuanto
siente ya tu vida, tanto
es mi asombro duro y fuerte,
que en tu vida y muerte advierte
una pena dividida,
pues muerto te diera vida
quien vivo te dará muerte.
Y así, pues pasó el severo
rigor, y pues vivo estás,
no tengo que esperar más;
cobra ese perdido acero;
que cuerpo a cuerpo te espero
donde a mi honor dé esta palma.

Febo

Hombre que en tan triste calma
para mi desdicha has sido
un enigma con sentido,
un laberinto con alma,
¿cómo mi muerte sentiste,
si de darme muerte tratas?
¿Cómo viviendo me matas,
si muriendo no lo hiciste?
Si piadoso entonces fuiste,
¿cómo ahora eres tirano,
y tienes, cruel e inhumano,

siendo amigo y enemigo,
en una mano el castigo
y el favor en otra mano?

Claridiana   Como, cuando muerto estabas,
tu muerte, Febo, sentía;
cuando estás vivo, la mía.
Que tú la muerte me dabas.
Muerto, lástima causabas;
vivo, causas pena; así
puedes argüir aquí
mis desdichas, pues es cierto
que tú, ni vivo ni muerto,
no eres bueno para mí.

Febo   Si vivo ni muerto espero
vencer rigor tan esquivo,
si te he de enojar si vivo,
si te he de ofender si muero,
defender mi vida quiero.
Siente el verme vivo, pues
medio para los dos es
hacer que el rigor dilates,
y que ahora no me mates,
si me has de llorar después.
Una herida, que he sacado
del mar, no importa.

Claridiana   ¡Ay de mí!
¿Herido estás, Febo?

Febo   Sí.
Mas ¿qué cuidado te ha dado?

Claridiana	Lo que es piedad no es cuidado.
Febo	Pues si piedad sola ha sido, riñe.
Claridiana	Soy tan atrevido que con ventaja no quiero. Cúrate y cobra primero sangre y fuerza que has perdido; que yo te buscaré.
Febo	Pues guíame a esa torre bella.
Claridiana	Eso no; no has de ir a ella.
Febo	¿Por qué?
Claridiana	Porque el sitio es de Lindabridis.
Febo	Tus pies mil veces me da a besar. Piadosos son fuego y mar.
Claridiana	¿Mucho?
Febo	Sí.
Claridiana	Pues el acero esgrime; que ya no quiero que te vayas a curar.
Febo	Pues ya no quiero reñir

yo; que, a su vista, es perder
las esperanzas de ser
su dueño; y pues argüir
puedo, a medio discurrir,
que celos la causa son
de tu pena y tu pasión,
no me puedes obligar
a reñir hasta llegar
del duelo la ejecución;
   que cuando hay tiempo aplazado,
no es mengua de un caballero
tener cortés el acero.

Claridiana   Bien la ocasión has dado
de mi pena y mi cuidado,
porque celos me han traído
amante y favorecido
de Lindabridis...

Febo (Aparte.)   (¡Ay cielos!)

Claridiana (Aparte.)   (Tenga celos quien da celos.)
...a estorbar que tú atrevido
   intentes esta aventura.

Febo   ¿Doyte yo más que temer
que todos?

Claridiana   Tú no has de ser
el dueño de su hermosura.

Febo   Pues tu temor ¿qué asegura?

Claridiana   Tantos favores lograr

como tengo.

Febo (Aparte.)   (¡Oh qué pesar!)
¿Muchos?

Claridiana   Sí.

Febo   Pues el acero
sacaré; que ya no quiero
yo tampoco irme a curar.

Claridiana   Ni yo reñir; que, advertido,
no he de perder la esperanza.

Febo   Pues tiempo habrá a tu venganza.

Claridiana   Por estar aquí y herido,
hoy la dilato, y te pido
tomes ese bruto, en quien
irte a curar; porque es bien
cuidar, Febo, de esa herida.

Febo   ¿Qué te importa a ti mi vida?

Claridiana   Mucho.

Febo   ¿Y mi muerte?

Claridiana   También.

Febo   No te entiendo.

Claridiana   Yo me entiendo.
Toma el caballo.

Febo	Sí haré.
Claridiana (Aparte.)	(Mis celos estorbaré; pues, en el bruto corriendo, de aquí ausentarle pretendo; deje el campo a mi dolor.)
Febo (Aparte.)	(¡Oh, qué rabia!)
Claridiana (Aparte.)	(¡Oh, qué rigor!)
Febo (Aparte.)	(¡Qué desdicha!)
Claridiana (Aparte.)	(¡Qué desvelos!) Vete ya.
Febo (Aparte.)	(A morir de celos.) Quédate.
Claridiana (Aparte.)	(A morir de amor.)

Fin de la primera jornada

Jornada segunda

(Suena dentro música, y sale Malandrín.)

Malandrín   Después de la salpicada,
mil instrumentos oí.
Si fuera comedia, aquí
acabara mi jornada.
   Mas, puesto que no lo es,
y que prosiguiendo va,
la música suplirá
ausencias del entremés.
   Por lo menos extrañeza
será de ingenio saber
que hoy todo cuanto hay que ver
es cortado de una pieza.
   Y esto aparte —¡vive Dios!—
que él se ha puesto en el caballo
—ya nunca podrá parallo—
y a un mismo tiempo los dos
   y el Sol me dejan a oscuras
en un monte. ¿Ya qué espero?
No fuera andante escudero,
a no verme en aventuras.

(Salen Floriseo y Coro.)

Floriseo   Pues que ya la noche fría
temerosamente asombra,
y baja la negra sombra
pisando la falda al día,
   cantad. Tenga una vez salva
la negra noche al bajar;
que no siempre ha de envidiar

a los músicos del alba.
      Decid al segundo Sol,
que da al primero desmayos,
que, en ausencia de sus rayos,
soy humano girasol.

(Salen Rosicler y Coro por el otro lado.)

Rosicler   Pues Lindabridis permite,
                            hasta el fin de tanto empleo,
                            lo que es cortés galanteo
                            y estas licencias admite,
                                mientras yo digo llorando
                            mi mal, pues yo lo sentí,
                            quien no le siente, por mí
                            le podrá decir cantando.

(Cantan.)

Coro I   «Bellísima Lindabridis,
                            ¿para qué tus ojos buscan
                            nuevos encantos, teniendo
                            el mayor en la hermosura?»

Coro II   «¿Para qué buscas más rayos,
                            si sale la aurora tuya
                            compitiendo con las selvas,
                            cuando las flores madrugan?»

Floriseo   Desotra parte del monte
                            sonoras voces se escuchan.

Rosicler   Éste es Floriseo, que así
                            dichas que yo pierdo busca.

Malandrín   Vísperas son a dos coros;
                   no será muy mala industria,
                   en tanto que cantan ellos
                   la copla, hacer yo la fuga.

(Vase hacia Rosicler.)

Coro I   «Despojos son de tu planta
                   bellas flores, fuentes puras,
                   porque ambicioso el abril
                   para tu adorno las junta.»

Coro II   «Y porque el aire no esté
                   celoso de su ventura,
                   los pájaros en el viento
                   forman abriles de pluma.»

Rosicler   Bajeza es que un hombre noble
                   declarados celos sufra;
                   mas es nueva ley de amor;
                   la obediencia me disculpa.

Malandrín (Aparte.)   (Por esta parte se acerca
                   a mí un bulto o una bulta
                   que no sé si es hembra o macho;
                   Y solo sé que se junta
                   más de lo que yo quisiera.
                   Ánimo, todo es fortuna;
                   quizá será otro gallina
                   como yo, y en esta duda
                   seamos valientes de miedo.)
                   Caballero, a mí me injurian
                   esas voces que al aurora

destas montañas saludan;
y así mandadles que callen.

Rosicler (Aparte.)   (Este hombre viene, sin duda,
a reconocerme y darme
ocasión con que mi furia
pierda el derecho de ser
acreedor de esta aventura.
Venceréle con callar,
vengando mi pena injusta
en que canten, pues le ofenden.
De cuantos una hermosura
hizo valientes, a mí
me hizo cobarde, no hay duda;
pues por no perderla siempre,
haga lo que no hice nunca.)

Coro I   «¡Ay Lindabridis bella, hermosa y pura,
milagro del amor y la hermosura!»

Coro II   «¡Ay Lindabridis pura, hermosa y bella,
que eres del cielo flor, del campo estrella!»

(Retírase Rosicler.)

Malandrín (Aparte.)   (¡Vive Apolo, que se vuelve!
¿Esto es ser valiente a oscuras?
No hay cosa más fácil. Otro
de esta parte está; pues dura
el susto, dure el remedio.)
Esas voces que se escuchan
a un celoso amante ofenden,
caballero, y le disgustan;
callen, si acaso hay remedio

para que callen en bulla
músicos, que cantan mal.

Floriseo (Aparte.)

    (Ésta es cautela o industria
de Rosicler, que ocasiona
mi valor, porque desnuda
la espada, las esperanzas
pierda de dicha tan suma;
pues no ha de lograr su intento.
Hoy amor al valor supla;
que huir de amante en la ocasión,
más que bajeza, es cordura.)

(Retírase.)

Malandrín

    ¡Viven los cielos, que son
gallinas, sin duda alguna!
Que si esperaran un poco
sin huir —¿hay tal locura?—
huyera yo.

Floriseo

Cantad siempre.

(Vase.)

Rosicler

No dejéis de cantar nunca.

(Vase.)

Coro I

    «Suspiros son de un amante
cuantos el eco pronuncia;
lágrimas son de un celoso
cuantas las flores inundan.»

Coro II	«Porque así fuentes y flores con sonora voz y muda, de su belleza engañados, por aurora la saludan.»
Coro I	«¡Ay Lindabridis bella, hermosa y pura, milagro del amor y la hermosura!»
Coro II	«¡Ay Lindabridis pura, hermosa y bella, que eres del cielo flor, del campo estrella!»
Malandrín	¿Dueño yo de la campaña y músicos? ¿Hay tal burla? O está todo el mundo loco, o borracha la Fortuna. Si me valiera la hazaña en esta ocasión alguna alhaja manducativa, fuera notable ventura. ¡Ah del castillo! Si non yace la infanta desnuda, catadla, que a un agujero asome su fermosura. Malandrín de Trapobana soy, de allén que vengo en fucia, si ella es la vana, e yo el trapo, de facer dos almas una. Si non cuida de salir, salga cualque dama suya, e si non dama pulgare, menina su ausencia supla, ya de la cámara sea, maguer que non de la ayuda. ¿Non la hay? Pues sea mondonga;

que ¿a quién mondongas no escuchan?
O si no, salga una dueña;
que dueñas non faltan nunca.
¿Non hay dueña? Yo dichoso,
iréme por la espesura
a buscar quien me socorra,
fablando vegadas muchas,

(Canta.)   «quien no tiene ventura
aun dueñas no hallará, si dueñas busca.»

(Vase. Ábrese el castillo y salen, como a un jardín que estará fingido dentro de él, Lindabridis, Sirene, Arminda, y las damas, dejando abierta la cueva del Fauno.)

Coro I   «Amorosos sacrilegios
esta novedad disculpan,
porque en su misma belleza
están la culpa y disculpa.»

Coro II   «Pues, cuando deidad la adoran,
y cuando beldad la juran,
mirando sus ojos bellos,
quedan vanos de su culpa.»

Coro I   «¡Ay Lindabridis bella, hermosa y pura,
milagro del amor y la hermosura!»

Coro II   «¡Ay Lindabridis pura, hermosa y bella,
que eres del cielo flor, del campo estrella!»

Sirene   Bien los dos competidores
cortesanamente usan
de la licencia de amantes,

celebrando tu hermosura
en dulces versos.

Lindabridis   Bien dices;
pero yo no supe nunca
que gallardos caballeros,
que andan buscando aventuras,
con músicos caminasen.

Sirene   Quien de hacer obsequios gusta
jamás le falta ocasión;
en cualquier parte la busca;
cerca está Constantinopla.
Y como las leyes tuyas
les dan licencia de amarte
y no de verte, procuran
que donde no entran sus ojos,
entren sus penas ocultas
y disfrazadas.

Lindabridis   ¡Qué bien
al compás suyo murmuran
las fuentes de estos jardines,
que el canto a las aguas hurtan!

Sirene   Esta alfombra, que tejió
de mastranzos y de juncia
el abril, formando en ella
un florido catre, a cuya
belleza corona es
el pabellón de una murta,
trono será de la aurora,
si tú su dosel ocupas.

Lindabridis   Desde aquí se oyen mejor
                   dulces canciones, que anuncian
                   anticipada la guerra.

(Siéntase, y queda como dormida.)

Sirene   Y ella por verte madruga.

Arminda   Pues la princesa se queda
                   aquí, Sirene, segura,
                   ven donde oigas tono y letra
                   mejor.

Rosicler   Vamos, si tú gustas.

(Vanse Sirene y Arminda. Sale Fauno por la cueva.)

Fauno   Cuando de la opuesta boca,
                   por quien bosteza esta gruta,
                   aborto fui, con intento
                   de que la cobarde turba,
                   siguiéndome, se quedara
                   sepultada en las oscuras
                   entrañas de aqueste monte,
                   que los sirviese de tumba,
                   y vuelvo a escuchar gemido,
                   penas, lástimas y angustias,
                   me informan voces sonoras
                   que a la oscuridad nocturna,
                   como si ella fuera el alba,
                   alegremente saludan.
                   Y aun no paran mis sentidos,
                   contentos con una duda;
                   pues extrañan lo que ven

mucho más que lo que escuchan.
¿A la boca de mi albergue
fábricas de arquitectura
tan hermosa que las piedras,
aun más que la luz, alumbran?
¿Aquí fuentes y jardines,
espejos, cuadros, pinturas?
¿Duermo o velo, sueño o vivo?
Mas ¿qué dudo que en confusas
imágenes haga el sueño
estas sombras y figuras?

Bárbaros dioses de un Fauno
que a las sangrientas y duras
aras vuestras consagró
cuantos mortales la inculta
playa de esta isla tocaron,
dadme favor, dadme ayuda;
que una admiración me ciega,
que una deidad me deslumbra,
una beldad me suspende,
y todo un cielo me turba.
¿Si es la diosa que este templo
habita? Sí; ¿quién lo duda?
No en vano, pues, la adurmieron
voces que los vientos sulcan,
fuentes que las flores mojan,
arroyos que el prado cruzan,
copas que el aire detienen,
auras que mansas murmuran,
hojas que apacibles suenan,
flores que sus plantas buscan;
pues voces, fuentes, arroyos,
copas, vientos y hojas mudas,

todos dicen que ésta es
la diosa de la hermosura.
Mas otra duda me queda;
¿si es viva o si es escultura,
adorno de estos jardines?
Que para todo hay disculpa;
para estar viva, en dar muerte
a quien a su luz se junta;
para estar muerta, en dar vida
a quien sus milagros busca.
Luego si da vida y mata,
si da muerte y asegura,
para dar vida y dar muerte
estará viva y difunta.

(Llega a tomarle la mano a Lindabridis.)

    ¿Atreveréme a tocar
la blanca mano que injuria
la nieve? Sí. Mas —iay cielos!—
que me abrasa su blancura.
Mujer, deidad, o quien eres,
¿qué veneno es el que oculta
este áspid de jazmín?

(Despierta Lindabridis.)

Lindabridis   ¿Quién
me llama? ¡Ay de mí!

Fauno   No huyas.

Lindabridis   No podré, porque el temor
con prisión de hielo anuda

mis pasos. Fiera u hombre
silvestre, deidad inculta,
¿cómo te atreviste, cómo,
a profanar la clausura
de un castillo donde el Sol,
si entra, entra con la disculpa
de que viene a traer el día,
y entra en él porque le alumbra?

Fauno

Como yo soy más que el Sol
atrevido; y si él se excusa
de tu enojo por traer
la luz, yo con menos culpa,
porque vengo a traer la sombra;
que esa bóveda profunda
es el seno de la noche,
y yo quien su seno ocupa.

Lindabridis   ¡Arminda, Sirene, Flora!

(Salen Arminda y Sirene.)

Sirene   ¿Qué das voces? … ¡Suerte injusta!

Arminda   ¿Qué mandas? … ¡Horror extraño!

Sirene   ¡Grave mal!

Arminda   ¡Desdicha suma!

Fauno

¿Son éstas las que han de darte
el favor? Porque la duda
queda en pie, ¿quién ha de darles
favor a ellas? Llama, junta

muchos enemigos de estos,
será mejor la fortuna
de morir a tales manos,
aunque ya lo esté a las tuyas.
Todas son bellas; mas tú
te avienes con su hermosura,
como el clavel con las flores,
como las estrellas puras
con los claveles, los signos
con las estrellas, la Luna
con los signos, y con ella
el Sol, que a todos sepulta.
Deja, deja que a beber
vuelva la sed, que me angustia
este tósigo de nieve.

Lindabridis   Antes seré de tu furia
breve despojo. ¡Dad voces!

Sirene   Yo estoy turbada.

Arminda   Yo muda.

Lindabridis   ¡Caballeros, al castillo!
Que a manos de la sañuda
fiera de estos montes muero.
¡Dadme favor, dadme ayuda!

Sirene   ¡Al castillo, caballeros!
Que vuestra gloria difunta
a manos de un monstruo yace.

(Dentro Rosicler y Floriseo.)

Rosicler	Sirena, las voces tuyas no me engañarán, que atado al árbol de la fortuna estoy.
Floriseo	Cocodrilo aleve, que voz humana pronuncias, no me vencerá tu encanto.
Lindabridis	¡Ah leyes de honor injustas! ¿Cuál es la dama que ver cobarde a su amante gusta?
Floriseo	Responded cantando siempre.
Rosicler	No dejéis de cantar nunca.
Arminda	¡Al castillo, caballeros!
Fauno	Escaparte no presumas.
Lindabridis	¿Cómo están sordos los cielos a mi voz?
Fauno	Como en mi injuria los cielos no oyen.
Lindabridis	¿Los montes cómo no se descoyuntan?
Fauno	Son los montes mis vasallos.
Lindabridis	¿Las fieras?

Fauno	Temen mi furia.
Lindabridis	¿Los hombres?
Fauno	No se me atreven.
Lindabridis	¿Los rayos?
Fauno	Mi voz los turba; que soy rayo, muerte y fiera.
Lindabridis	Yo rabia, veneno y furia. ¡Caballeros, al castillo! Romped las leyes injustas. ¡Al castillo, caballeros!

(Éntranse Lindabridis, Arminda y Sirene, y síguelas Fauno. Sale Claridiana.)

Claridiana	¿Mi valor qué dificulta, que no entra a ver qué ocasión el monte de horror ocupa? ¿Qué aventuro en esto yo? ¿Las esperanzas futuras de Lindabridis qué importan, si yo no las tuve nunca?

(Vase. Vuelven a salir Fauno, Lindabridis, Claridiana y las damas.)

Lindabridis	¡Que estén sordos los cielos! ¿Qué mucho, si el amor lo está y los celos?
Claridiana	No así al amor ofendas, ni deslucir su vanidad pretendas; que yo por él satisfacerte espero.

Fauno (Aparte.)	(¡Qué bello joven!)
Claridiana (Aparte.)	(¡Qué galán tan fiero!)
Lindabridis (Aparte.)	(¡Qué desdichada suerte, si mi vida redimo con su muerte!)
Fauno (Aparte.)	(No sé qué nuevas ansias he sentido de que éste en su favor haya venido, que de un veneno tengo el pecho lleno, y se hace más lugar otro veneno.)
Claridiana	Semidiós de estos montes que, llenando de horror sus horizontes, por no ser fiera y hombre en una esfera, dejaste de ser hombre y no eres fiera, esa belleza vive a cuenta de este acero. Así apercibe el nudoso bastón, que partir quiero contigo el Sol.
Fauno	Pues yo llevarle entero; que si es Sol la belleza de esta excelsa deidad, fuera bajeza partirle ni aun un rayo; y más contigo, que eres, puesto conmigo, átomo comparado al Sol, cárdeno lirio cotejado al ciprés eminente, mendigo arroyo al rápido corriente del Nilo, sombra pálida y pequeña a la inmensa estatura de esta peña.

Claridiana	No, barbaro, blasones,
	ni de ajenos aplausos te corones;
	que, si eres Sol, soy Luna,
	a cuyo eclipse mengua tu fortuna;
	si ciprés, soy la muerte,
	que en fúnebre arrebol hoy le convierte;
	si Nilo, mar sediento que le bebe,
	si montaña, homenaje soy de nieve,
	que su eminencia inclina,
	cuando a rayos de hielo le fulmina.
Fauno	Acis, mancebo de esta Galatea,
	si soy el Polifemo vuestro, sea
	este bastón, ya que no aquella roca,
	urna mucha, pirámide no poca.

(Riñen, dale Fauno con el bastón a Claridiana, y cae.)

Claridiana	¡Muerto soy!
Lindabridis	¡Ay de mí!
Fauno	¿De qué te espantas?
	Mira, mira a tus plantas
	flor, arroyo, cristal, jardín y fuente,
	salpicados de púrpura caliente;
	y, si fiero y sangriento no te obligo,
	cortés amante quiero ser contigo.
	Cuanto metal se encierra
	en las pardas entrañas de la tierra,
	y cuantas piedras cría
	ese luciente aparador del día,
	pondré a tu pie de nieve,
	que hidrópica esa cueva se las bebe,

porque registro fue del peregrino
que, hallando puerto aquí, perdió camino.
Un breve instante espera
y en tanto ese cadáver considera,
porque admires, teniéndole delante,
valiente y rico a este tu nuevo amante.

(Vase.)

Lindabridis   Muda, cobarde, helada,
confusa y admirada,
no sé lo que hacer puedo,
que no me deja qué elegir el miedo.
Aquí —¡oh qué horror!— un triste me suspende,
allí —¡oh qué pena!— un bárbaro me ofende,
aquí —¡qué pasmo!— un joven agoniza,
allí —¡qué llanto!— un monstruo atemoriza,
aquí —¡qué desconsuelo!—
deshojado un clavel, salpica el suelo,
allí —¡qué desventura!—
amante un bruto —¡ay Dios!— mi fin procura,
y yo, sin quien me valga en este abismo,
a manos muero de mi encanto mismo.
¿Qué haré, piadosos cielos?
Pero apelen a mí mis desconsuelos.
Fuera está del castillo, y en su cueva
la fiera horrible; pues eleva, eleva
—oh espíritu oprimido
del mágico conjuro— el atrevido
vuelo; mi amparo y mi sagrado sea
el viento, que esta fábrica posea;
llevemos de este bárbaro desierto
un alma viva en un cadáver muerto.

(Entra y cierra el castillo, que desaparece, y queda el teatro como antes estaba. Sale Malandrín.)

Malandrín   ¡Ah, volador castillo! ¡Espera, espera!
                    ¿No hay más hablar? ¿Se va de esa manera?
                    Que se lleva a mi amo;
                    sea cortés y responda, pues le llamo.

(Sale Fauno con algunas cajas de joyas.)

Fauno   Ya, Lindabridis bella,
                    que eres del cielo flor, del campo estrella,
                    podrás llenar las manos y los ojos
                    en estos...¡Ay de mí! «Ricos despojos»
                    iba a decir, y mudo,
                    con ser desdichas, las desdichas dudo.

Malandrín (Aparte.)   (¡Qué salvaje tan fiero es el que veo!
                    Con ser desdichas, las desdichas creo.)

Fauno   ¿Adónde, adónde tanto alcázar sube?
                    ¡Oh fábrica eminente, si eres nube
                    que bajaste del trono de Faetonte
                    por granizos de piedras a este monte,
                    mira que son prodigios que me elevan,
                    ser tú la nube y que mis ojos lluevan.
                    ¡Aguarda, aguarda!

Malandrín (Aparte.)   (Si de noche fuera,
                    fuera valiente yo.)

Fauno   ¡Detente, espera!
                    Mas ¿quién está testigo a mis ultrajes?

Malandrín	Un servidor de todos los salvajes, que por su devoción los ha buscado para servir.
Fauno	¿Quién eres?
Malandrín	Un menguado.
Fauno	¿Viste...
Malandrín	¿La cueva? Sí, y estuve en ella.
Fauno	...aquel alma feliz que a ser estrella sube a mejor esfera?
Malandrín	¡Y cómo que la vi!
Fauno	Pues di, ¿quién era?
Malandrín	Lindabridis se llama, que anda buscando al hombre de más fama, al más valiente y de mejor persona; que, aunque es infanta, ha dado en ser buscona. Pero esto a nadie espanta; porque ya ¿qué buscona no es infanta?
Fauno	Pues si al de más valor viene buscando, dile que yo lo soy.
Malandrín	Si va volando, decírselo no puedo.
Fauno	Sí podrás; porque yo —no tengas miedo— asiéndote de un brazo,

te haré volar del aire tanto plazo
que, cayendo del mar a esotro cabo,
llegues primero que ella.

Malandrín   El saque alabo,
pero ¿quién hará luego
conmigo desde allá otro pasajuego
que me vuelva a la losa
con la respuesta? ¿No es más fácil cosa
que paso a paso a Babilonia vamos,
donde en la lid a todos los venzamos?
Que yo con este escudo y esta espada
a tu lado me ofrezco a no hacer nada.

Fauno   Bien dices; una balsa, bajel breve,
a los dos ese piélago nos lleve,
con violencia tan suma
que aun no aje los rizos de la espuma.
Desde hoy serás mi guía; ven conmigo.
Lindabridis, espera; ya te sigo.

Malandrín   Venme aquí en un instante
hecho escudero de un salvaje andante;
y aun con él más contento la siguiera,
si Lindabridis «lindo brindis» fuera.

(Vanse. Baja Febo en un caballo, atravesando el teatro de un lado a otro.)

Febo   Hipogrifo desbocado,
parto disforme del viento,
¿dónde te cupo el aliento
para haber atravesado,
ya en la carrera, ya a nado,
tanta tierra y tanto mar?

Hijo o monstruo singular
del tiempo debes de ser,
pues que te enseñó a correr
y no te enseñó a parar.
    Mas no; que si tu ambición,
cuando las riendas te di,
haciéndote dueño a ti
de mi desesperación,
se paró, no fue esta acción
del tiempo; ya tu violencia
de la fortuna fue herencia,
pues pudo en tanto fracaso
contigo más el acaso
que pudo la diligencia.
    ¿Qué escuela, di, te ha instruido?
¿Qué lección, di, te ha enseñado,
que te desboques llamado
y te detengas herido?
Mas si en un concepto has sido
tiempo y en otro después
fortuna, ya mejor es
hacer dos sentencias una,
pues eres tiempo y fortuna
en andar siempre al revés.
    ¿Cuál fue tu dueño, me di,
que con mi vida fiel
y con mis desdichas cruel,
me quiso ausentar así?
Mas ¿qué discurro —iay de mí!—
cuando me llego a mirar
en tan remoto lugar,
lleno de penas y enojos,
con los míseros despojos
que escapé de fuego y mar?

| | ¿Dónde iré? Pero ¿qué veo? |
| (Cajas.) | Al caer de esta montaña |

¿Dónde iré? Pero ¿qué veo?

(Cajas.)

Al caer de esta montaña
que el mar proceloso baña,
una vega fértil veo
que adorna el marcial trofeo,
pues en varios resplandores
al monte hacen sus colores
una hermosa emulación,
las tiendas las peñas son
y las plumas son las flores.
　　De la mayor —que es esfera
en los rasgos y bosquejos,
en la luz y los reflejos
del Sol y la primavera—
sale un joven que pudiera
dar cuidado a Venus, pues
en solo un sujeto es
bello Adonis, Martes fiero.
Aquí retirado espero
saberlo todo después.

(Escóndese con el caballo entre los bastidores. Se descubre una tienda de campaña, de donde sale Meridián armado, con acompañamiento, y por otro lado el rey Licanor, viejo, y hacen al salir unos y otros salva de caja y clarín.)

Meridián

Invicto Licanor, a quien aclama
y en cuanto el Sol midió con veloz llama,
siendo una vez sepulcro y otra cuna,
no compitió ninguna con tu fama,
con tu deidad no compitió ninguna,
atiende, atiende, y en tu real presencia
hoy para protestar me da licencia.

Licanor

　　　　　Prosigue, Meridián.

Meridián
                    Azul esfera,
          rápido Eufrates, áspera montaña,
          sagrado muro, bárbara ribera,
          gente, ya propia sea, ya sea extraña,
          testigos sed que Meridián espera
          de Sol a Sol armado en la campaña,
          tomando testimonio cada día
          de que a sus enemigos desafía.
                    Sed testigos de cómo no ha faltado,
          desde que se fijó el cartel del duelo,
          de la tela y el sitio señalado,
          constante al Sol, al agua, nieve y hielo;
          que a caballo o a pie, desnudo o armado,
          con armas o sin ellas, hoy al cielo,
          puesta la mano sobre el pomo, jura
          que Licanor las armas le asegura.
                    Testigos sed también que tiene armada
          tienda y familia a todo aventurero;
          y que desde que entrare en la estacada,
          le proveerá de armas y dinero;
          y que en defensa de la celebrada
          Lindabridis no ha entrado un caballero
          a presentarse, y que por tantos días
          Tartaria y la campaña están por mías.

(Tocan cajas y sale Febo a pie.)

Febo
                    Ínclito rey del babilonio muro,
          que fue de tanto idioma primer fuente,
          cuando aquel edificio mal seguro
          empinó al orbe de zafir la frente,
          hoy que la novedad deste seguro
          a tu patria conduce tanta gente

que parece, según la que a ella corre,
que aun la fábrica dura de la torre;
    da licencia que un pobre aventurero
a Meridián en tu presencia diga
que tiene Lindabridis caballero
que su justicia a defender se obliga;
y que, si no se presentó primero,
fue porque el precio del honor consiga
el tiempo que ha tardado, pues entiendo
que el que es César de amor llegue venciendo.

Licanor

    Si de ese aventurero generoso
sois escudero, y por seguro envía
para entrar en la tela, licencioso
habéis andado en la presencia mía.

Meridián

    No te enojes, señor, porque animoso
vuelva a su dueño y tenga yo este día
a quien vencer.

Febo (Aparte.)   (¿Quién vio fortunas tantas?)

Licanor   Decid que llegue, pues.

Febo   Ya está a tus plantas.

(Arrodíllase.)

Licanor   ¿Quién es?

Febo   Yo.

Licanor   Loco estás, sin duda alguna.

Febo

Nada al varón magnánimo le asombre,
que de los accidentes de la Luna
desigualdades participa el hombre.
Al honor acrisola la fortuna,
no le consume. Así os diré yo el nombre
que el traje os ha callado. Yo soy Febo,
que al Sol el nombre como el lustre debo.
    De Rosicler hermano... Mas no es justo
que piense yo que me ignoráis, pues creo
que ya de mi valor y esfuerzo augusto
lenguas y plumas son vulgar trofeo.
Supe el campo que haces y, a disgusto
de una dama que adoro, mi deseo,
eclipse desde entonces de tu gloria,
anhelo fue en la sed de esta victoria.
    En África alcancé aquel prodigioso
castillo que a su arbitrio se pasea,
porque los elementos litigioso
pleito tuvieron sobre cúyo sea.
El fuego le examina luminoso,
la tierra sus campañas hermosea,
en su estancia le ven mares y vientos;
y así le traen por lid cuatro elementos.
    En sus planchas de bronce fui el primero
que su nombre imprimió; así le imprimiera
en un pecho de cera dulce y fiero.
Mas ¿quién dudara nunca o quién creyera
que a los arpones dos de oro y acero
se enterneciese el bronce y no la cera?
Yo lo dudara, pues a mi despecho
va mi nombre en el bronce y no en el pecho.
    Seguirle quise, y sobre riza espuma,
huésped ya del cerúleo pavimiento,
viví un bajel que, sin escama y pluma,

águila fue del mar, delfín del viento.
Mas porque Amor de ciego no presuma,
a la venganza Júpiter atento,
fuego introdujo ardiente en nieve fría,
y el bajel Volcán de agua parecía.

Los marineros, viendo que Neptuno
no tomaba el desprecio con enojos,
a llorar empezaron, cada uno
por valerse del agua de sus ojos,
pero lo que apagó el llanto importuno,
de la voz encendieron los despojos.
¡Oh cuánto el riesgo en su favor ignora!
Pero ¿quién no suspira cuando llora?

Con tanto enojo sus venganzas fragua
el flamígero dios que, osado y ciego,
ni al fuego pudo mitigar el agua,
ni al agua pudo consumir el fuego.
El que el bajel, ya roto, al mar desagua,
vuelve a la llama a socorrerse, y luego
que ve la llama, vuelve al mar, de suerte
que dio esta vez en que escoger la muerte.

Tan uno el humo con el mar se vía,
tan uno el viento con el mar estaba
que, si el incendio ahogaba, el mar ardía;
y si el agua encendía, el viento ahogaba.
Dígalo aquel que el fuego se bebía,
dígalo aquel que llamas respiraba,
u yo lo diga, pues, a todo atento,
a la sala apelé de otro elemento.

Rompí, pasé y vencí la ardiente llama;
vencí, pasé y rompí la espuma luego;
y, logrando opinión, ventura y fama,
la amada tierra mido, toco y llego.
Tomé, tuve, logré sepulcro y cama,

donde confuso, absorto, helado y ciego,
ira y amor, piedad y rigor hallo
en el dueño feliz de ese caballo.

    En él vine hasta aquí y, si haber perdido
por fortuna en el mar armas y hacienda,
causa bastante a mi desprecio ha sido,
yo haré que el mundo el desengaño entienda.
Haz sin armas el campo que te pido,
porque no me hagan falta, y yo defienda,
que ser merece Lindabridis bella
reina en el mundo, y en el cielo estrella.

Licanor   Febo, de vuestro valor
no dudo, y es bien se crea
de un osado caballero
mayores fortunas que éstas.
Sucesos tristes o alegres,
suertes prósperas o adversas
ni deslucen, ni dan fama;
que el Sol no de serlo deja
por nieblas que se le opongan,
por nubes que se le atrevan.
Pero, esto aparte, os respondo
que yo soy quien hace buena
esta campaña y no puedo
alterar las leyes de ella.
Caballero que perdió
—en buena o en mala guerra,
en buena o mala fortuna—
el escudo, que es su empresa,
hasta que por su persona
otro gane, el duelo excepta.
Y así, aunque yo sea el primero
que vuestras desdichas crea,

seré el primero también
que guarde a la ley la fuerza.
Fuera de esto, no se admite
caballero que no entrega
testimonio de que es él
el mismo que se presenta.
Éste es pleito, yo soy juez,
y no basta que lo sepa
yo, si vos no lo probáis.
Y así, Febo invicto, es fuerza
que yo, conforme a lo visto,
haya de dar la sentencia.
Ganad armas y volved
con testimonio y certeza
de que sois el que decís;
que Meridián os espera
y yo os haré bueno el día,
partiendo con vos la tierra,
el aire, el polvo y el Sol.

(Vase.)

Febo   Sí haré; y porque no padezca
ese escrúpulo mi fama,
mi opinión esa sospecha,
un breve instante, un minuto,
y solo con una empresa
dé el testimonio de mí,
y gane las armas, sean
éstas las de Meridián,
porque digan él y ellas
que soy yo y que las gané.
Salga donde...

Meridián   Sí saliera,
si me tocara el salir;
mas quien tiene a su defensa
un duelo o está llamado
no hay nueva causa que pueda
hacerle acudir a otro;
y así no respondo. Intenta
ganar armas y volver;
que aquí me hallarás. No temas
que falte de aquí; porque,
aunque todo el mundo venga,
no me hará dejar el puesto;
y así en él, oh Febo, es fuerza,
pues quedo cuando te vas,
que aquí me halles cuando vuelvas.

(Vase, y ocúltase la tienda de campaña.)

Febo   ¿Hay hombre más infeliz?
¿Aun no bastó la tormenta
del mar, sino que también
la he de correr en la tierra?
¿Yo exceptuado del honor
que dio más plumas y lenguas
a los tiempos que quedaron
de estas fábricas? ¿Yo fuera
del número de los nobles,
porque en batalla sangrienta
perdí de dos elementos
mi escudo? Mas justa es esta
infamia, este deshonor;
pues que no cuidé que fuera
menor defecto morir
con las armas que perderlas.

Bien nos lo enseña el decreto
del honor, bien nos lo enseña
la ley de caballería,
pues en sus fueros ordena
que para morir se arme
el caballero, y que muera
de todas armas guarnido,
y el manto mortaja sea,
dando a entender que primero
pierda la vida que pierda
las armas, que del cadáver
aun son adorno en la huesa.
Pues ¡vive Dios!, que esta injuria,
este enojo, esta violencia
del mar, del viento y del fuego
hoy me ha de pagar la tierra,
pues hoy de sangre manchada
se ha de mirar, de manera
que este monte y aquel muro
ciudad fundada parezca
sobre el rubio mar; el Sol
ha de mirar su belleza
en espejo de escarlata
que el sangriento humor le ofrezca;
tal que, dejando al morir
llena de flores la selva
y hallándola de corales
al nacer, piense que yerra
el día, y le yerre entonces,
dando a otra parte la vuelta.
Dos montañas, que columnas
son de las nubes, estrechan
este paso, que es por donde
se ha de pasar a las telas.

No ha de entrar aventurero
alguno desde hoy en ellas
sin hacer campo conmigo
y dejar su escudo. Sea
esta línea, pues, la valla
que el paso a todos defienda.
Verá Licanor, verá
Meridián, verá la esfera
superior, el Sol, la Luna,
los astros, signos y estrellas,
hombres, brutos, flores, plantas,
agua, viento, fuego y tierra
que el caballero del Febo
así sus desprecios venga.

(Baja el castillo.) Mas ¿qué es esto? ¡Vive el cielo,
que entre los dos montes cierra
el paso otro monte hermoso
que hace a los dos competencia!
Sin duda el orbe de Marte
de sus polos se despeña,
de sus quicios se trastorna,
murado cielo de almenas,
porque no gane otras armas
que las suyas; bien lo muestra
la máquina desasida
y desplomada la esfera,
que aun no pronunció el gemido
de los ejes y las ruedas.
Pero —¡ay de mí!— ciego estoy,
pues no percibo las señas
de este encantado castillo,
a cuya frente soberbia
se abolla el viril del cielo,
por no decir que se quiebra.

Como del año fatal
está el número tan cerca,
los campos de Babilonia
serán su estancia primera.

(Abren las puertas del castillo.)

Solo este testigo —¡ay triste!—
les faltaba a mis ofensas,
les sobraba a mis desdichas
para que... Pero las puertas
se abren. ¿Qué he de hacer? Dejar
este puesto ya es bajeza,
habiendo jurado en él
mi venganza. Que me vea
Lindabridis es desaire.
Pues de irme y quedarme sea
medio el esconderme; así
ni ella me ve ni hago ausencia.
Retirado esperaré
hasta que el primero venga.
Haz breve sepulcro a un vivo,
oh monte, de hojas y peñas.

(Escóndese. Salen Lindabridis y Sirene como acechando.)

Lindabridis   Pues sin estruendo ni ruido
el castillo tomó tierra
en Babilonia, Sirene,
con intento de que pueda
—antes que la novedad
despierte las gentes de ella—
salir ese hermoso joven
que la piedad y clemencia

del cielo restituyó
a la vida, considera
si hay en este inculto monte
gente alguna que le vea.

Sirene   Solo son mudos testigos
estos troncos y estas selvas
de nuestra venida.

Lindabridis   Pues
sal, Claridiano; ¿qué esperas?

(Sale Claridiana.)

Claridiana   La sentencia de mi muerte;
que es de mi muerte sentencia
notificarme, señora,
tu voz, tu llanto o tu lengua
que me ausente de tus ojos.
¡Oh nunca, oh nunca volviera
yo a vivir, pues allí, viva
el alma y la vida muerta,
no daba tiempo de estar
sin ti, y es feliz quien llega
a morirse de una dicha
sin el temor de perderla!
La ausencia es muerte del alma,
muerte del cuerpo es la pena;
pues si allí el cuerpo moría
y aquí el alma, considera
que lo que hay del cuerpo al alma
hay de la muerte a la ausencia.

Lindabridis   Si, para morir de ausente,

82

viviste de amante, deja
el necio argumento, pues
también quien muere se ausenta.
Y ya que, por no dejarte
—después que amor a mis quejas
movido, te dio la vida—
en una playa desierta
solo, triste y mal curado,
te traje hasta aquí, no quieras,
rebelde a leyes de honor,
usar mal de mis finezas.
Ya estamos en Babilonia;
valor tienes, armas llevas,
y si dan dicha favores
—iturbada estoy y suspensa!—
favores llevas también;
las campañas son aquéllas,
tribunal de Amor y Marte;
armadas están las tiendas,
precio soy de la victoria,
hazte tu fortuna mesma,
lábrate tu misma dicha;
y a Dios, que con bien te vuelva.
El te libre y él te guarde,
Claridiano, en su violencia.
Adiós, adiós. Vete pues.

Claridiana   No —iay cielos!— con tanta priesa
me despidas. ¿No darás
siquiera al dolor licencia
para saber que se parte?

Lindabridis   Temo...

Claridiana	¿Aquí ya qué hay que temas?
Lindabridis	...que te vean...
Claridiana	Di.
Lindabridis	...salir del castillo, y que no pierdas las esperanzas...
Claridiana	Prosigue.
Lindabridis	Esto basta.
Claridiana	No, no quieras dejar pendiente la voz.
Lindabridis	No dudo yo que me entiendas.
Claridiana	Ni yo dudo que te entiendo.
Lindabridis	Pues, si me entiendes, ¿qué esperas?
Claridiana	Que me lo digas.
Lindabridis	¿Por qué?
Claridiana	Porque hay una diferencia entre el saber y el oír uno las dichas que espera; que es dicha aparte el oírlas, muchos después de saberlas.
Lindabridis	Pues temo, si eso te agrada,

84

que las esperanzas pierdas
de ser mi dueño, por verte
en el castillo.

Claridiana   No quieras
más afecto de mi fe,
sino que otra vez lo oyera.

Lindabridis   Dices bien; porque si Amor
no tuviera preeminencia
de hacer nuevas cada vez
las razones, ¿qué tuviera
que hablar al segundo día
con su dama? Mas ¿qué esperas?
Vete, vete.

Claridiana   ¿Acordaráste
de mí, señora, en mi ausencia?

Lindabridis   No; que no me olvidaré.

Claridiana   ¿Serás mía?

Lindabridis   Amor lo quiera.

Claridiana   Porque veas de mi fe
las más declaradas muestras,
solo con que no seas de otro
me contento.

Lindabridis   Esa promesa
cumpliré con darme muerte
el día que tú me pierdas.

Claridiana	¿Quién lo asegura?
Lindabridis	Mi fe.
Claridiana	¿Será firme?
Lindabridis	Será eterna.
Claridiana	Pues, adiós.
Lindabridis	Adiós.
Claridiana	Conmigo vas.
Lindabridis (Aparte.)	Y tú conmigo quedas. (¡Qué ardiente el rayo es de amor!)

(Éntrase, y cierra el castillo.)

Claridiana	¡Qué frías son las finezas que se dicen sin el alma!

(Sale Febo.)

Febo (Aparte.)	(¡Qué rigurosa es la fuerza de los celos, pues se hace lugar entre tantas penas! Éste es el dueño —sí, él es— de la desbocada bestia que aquí me trajo. No en vano me dijo entonces que él era el dueño de Lindabridis; bien el efecto lo muestra;

pues, ofendido y celoso,
hoy vengaré dos ofensas.
Mis celos me den valor
y mis desdichas paciencia.)

Claridiana   ¡Oh Babilonia! Tus muros
saludo y beso la tierra
que ha de ser teatro donde
la fortuna representa
del poder y del amor
la mayor de sus tragedias.
A ti vengo.

(Pónese la banda.)

Febo   Caballero,
el de la blanca cimera,
que, mariposa de plumas,
en el Sol las alas quema,
no des otro paso más;
no te arrojes, no te atrevas
a pisar aquesa raya,
porque su línea postrera
es línea que hizo la muerte,
como quien dice: «Aquí tengan
término y coto las vidas,
que osaren pasar por ella».

Claridiana (Aparte.)   (¡Válgame el cielo! Este es Febo.
¿Qué nueva fortuna es ésta?)
Disfrazado aventurero,
albricias darte pudiera
de los riesgos que me avisas,
pues me alegraré que sea

ley de la muerte esta línea,
y que rompida su fuerza
por mí, cuantos amenaza
vivan después a mi cuenta.

Febo   Pues con dejar ese escudo
vivirán, porque así cesa
mi rigor, y tu piedad
consigue lo que desea.
De ganar escudo tengo
a mi honor hecha promesa
al primer aventurero.

Claridiana   Mucho ofreces, mucho intentas,
porque la tengo hecha yo
de defenderle.

Febo   Pues sea
ésta una lid a dos luces;
que, si no mienten las señas,
eres el que ya otra vez
solicitaste esta empresa.

Claridiana   Bien dices, ingrato Febo.
Pero ¿cómo se te acuerda
esa ofensa, y se te olvida
el beneficio y la deuda
de haberte dado un caballo
en que a estas campañas vengas?
Pero dirás que es defecto
de nuestra naturaleza
dar el beneficio al agua
y dar al bronce la queja.

Febo

No presumo yo ni creo
que hay piedad que te agradezca
en darme el caballo a mí,
pues no hubiste —es cosa cierta—
menester para volar
entonces su ligereza;
luego, sin que ya de ingrato
puedas argüirme, es fuerza
ganar tu escudo.

Claridiana

También
lo es en mí que le defienda;
pero no ha de ser a vista
del castillo, si te acuerdas
que es ley que pierda la acción
el que a desnudar se atreva
su acero aquí.

Febo

Ley también
es suya que la acción pierda
quien entrare en el castillo,
y tú, sin temerla, entras;
luego tú solo eres quien
rompes la ley y la quiebras;
rómpela en tu daño y no
jurista del amor seas
que en su daño y su provecho
una ley misma interpreta.

Claridiana
(Aparte.)

Pues si estás desengañado...
(¡Qué buena ocasión es ésta!)
...de que favores que entonces
te dije son ciertos, deja
la pretensión de esta dama;

pues es ruindad y bajeza
reñir por dama que a otro
quiere, estima, adora y precia.

Febo

Hoy no riñe aquí el amor,
riñe el honor, porque entiendas
que el que en la ocasión se halla,
aunque a la dama no quiera,
debe por ella reñir,
si le da la ocasión ella.

Claridiana

Pues yo no quiero de ti
más satisfacción que ésa.

Febo

Ésta no es satisfacción,
ni yo a ninguno la diera,
sino decir solamente
que es obligación primera
la obligación del honor.
Ya estoy restado a esta empresa
por empeños de mi honra,
ganando armas con que vuelva
a vista de Licanor.
Mira, advierte y considera,
si ya una vez declarado
que estoy sin honor...

Claridiana
(Aparte.)

La lengua
suspende. (¡Ay de mí! ¿Qué escucho?)
¿Tu honor, Febo, en contingencia?
¿Tu opinión en opiniones?
Calla, calla; no te atrevas
a pronunciarlo; que el alma
con cada acción me penetras,

con cada acento me hieres,
con cada voz me atraviesas.

Febo   Suspenso otra vez me tiene,
absorto otra vez me deja
ver que aumentes mis desdichas
y que mis desdichas sientas.

Claridiana (Aparte.)   (Ya, cielo, éste es otro caso;
ya es, cielo, otra duda ésta.
A Febo le va el honor
en que yo ahora le pierda;
en que yo no tenga vida
me va el que Febo la tenga;
si le doy las armas, doy
armas contra mí, pues ellas
le darán a Lindabridis;
si las defiendo, me dejan
la pena de su opinión.
¡Denme los cielos paciencia!
Mas si al fin he de quererle,
que le gane o que le pierda,
en tan grandes confusiones
su honor viva y mi amor muera.)
Febo, si la obligación
de tu honor es la primera,
la mía también; y así
ganarme el escudo intenta,
que yo le arrojo en el suelo,
porque le lleve el que venza.

(Echa el escudo en el suelo, y sacan las espadas.)

Febo   Por no errar en lo que diga,

con la espada —que es la lengua
de un caballero— respondo.

Claridiana ¡Qué gran ventaja me llevas.
Febo!

Febo Di en qué.

Claridiana En que, si tú
aquí matarme deseas,
yo deseo que me mates;
y es la primera pendencia
en que se ha visto reñir
dos sobre una cosa mesma.

Febo No vi más templado pulso.

Claridiana No vi más notable fuerza.
La banda se me ha caído
del rostro.

(Cáesele la banda.)

Febo Y a mí con ella
las alas del corazón,
y en su ejecución suspensa
el alma, no determino
si está viva o si está muerta.

Claridiana Pues en tanto que lo dudas,
que lo imaginas y piensas,
vive honrado y muera yo.
Ahí el escudo te queda
que, a costa del honor mío,

quiero, Febo, que le tengas.

(Vase.)

Febo   ¡Espera, espera!

Claridiana   Soy rayo.

Febo   ¡Oye, oye!

Claridiana   Soy cometa.

Febo   Seguiréte, aunque a las nubes
subas.

(Dentro el rey Licanor.)

Licanor   ¿Qué voces son éstas?

(Salen Licanor, Meridián, y gente.)

Febo (Aparte.)   (Guardar mis penas importa,
si hay lugar adonde quepan.)

                                   Son llamar a un caballero
que en buena guerra ha dejado
este escudo; y pues ganado
hoy por mi espada le adquiero,
   ya en la tela entrar podré,
libre del baldón injusto.

Licanor   De vuestro valor augusto
yo nunca, Febo, dudé.
   Dadme los brazos, y luego

ved que llegan Rosicler
y Floriseo a vencer
—cada cual de amores ciego—
esta empresa.

Febo   Fuerza es
lidiar, hermanos los dos.

Meridián   Dadme ahora los brazos vos,
que han de vencerme después.

Febo   Yo callo, por no ofenderte.

Licanor   Ya que tanta bizarría
disfraza en la cortesía
los semblantes de la muerte,
y tan conformes extremos
hoy en todos maravillo,
vamos todos al castillo,
porque juntos visitemos
a Lindabridis; veamos
este encanto que ha tenido
todo el mundo suspendido
con admiraciones.

Todos   Vamos.

(Vanse. Suena música, ábrese el castillo, como primero, y salen Lindabridis,
Sirene, Arminda, y las damas.)

Lindabridis   Pues mi hermano y Licanor
aquí a visitarme vienen,
hoy manifestar se tienen
las pompas de mi valor.

Vean todas las riquezas
con que el orbe discurrí,
no diga el tiempo de mí
nunca menores grandezas.
    Haced, pues, que se prevengan
músicas, saraos, festines,
para que aquí con dos fines
dos admiraciones tengan.

(Salen Licanor, Meridián, Rosicler, Febo y todos.)

Licanor
Cómo saludarte dudo,
prodigio hermoso, y no sé
si —con un sabio— diré
que la copia me hace mudo.
    Ven en felice ocasión
a honrar el suelo en que estás;
Yo enmudecí, lo demás
te diga la admiración.

Lindabridis
Si una suspensión forzosa
es en el que se turbó,
dos habré de tener yo,
de turbada y de dichosa.

Meridián
Dadme vuestra mano, hermana,
y seáis muy bien venida
a dar muerte y a dar vida
a quien os pierde u os gana.
    Y, pues el gusto de veros
todos esperando están,
y a mí licencia me dan
de hablar estos caballeros,
    todos por vos han venido

en alas de sus cuidados;
muchos fueron los llamados,
¡dichoso del escogido!

Lindabridis   A todos responderé
con el alma, que quisiera
que capaz de un cielo fuera,
para agradecer mi fe.
   Sentaos, señor, y tomad
todos lugares.

(Vanse sentando cada uno junto a una dama [Floriseo con Sirene, Rosicler con Arminda, y Febo con Lindabridis].)

Floriseo   Aquí,
Sirene, me toca a mí.

Sirene   Pidiólo mi voluntad.

Rosicler   Yo junto a vos, dama bella,
me abrasaré a su arrebol.

Arminda   Ya que no me cupo el Sol,
por lo menos sois su estrella.

Caballero I   Como a luz de aquella esfera,
gozaré este resplandor.

Caballero II   Yo os adoro, como a flor
que sois de otra primavera.

Febo   Yo, el más dichoso en efeto,
por mí aqueste lugar gano.

Lindabridis	¿No veis que es favor en vano?
Febo	Si queréis que del conceto me aproveche, bien sé yo quién es la que en vano quiere, pues por una sombra muere.
Lindabridis	Yo no os he entendido.
Febo	¿No?

(Sale Claridiana.)

Claridiana (Aparte.)	(Aquí me traen mis desvelos otra vez a morir. Sí, pues mis celos miro allí, y aun no conozco mis celos.)
Lindabridis (Aparte.)	(Ya Claridiano se ofrece. ¡Oh quién excusar pudiera sus celos! ¡Oh, si entendiera...!) ¡Hola! La música empiece, porque yo logre el deseo de festejar en mis reales palacios huéspedes tales.
Licanor	Maravillas dudo y creo.
Claridiana (Aparte.)	(Esto ya es morir.) Si alcanza tal licencia un caballero, empezar el festín quiero, por hacer una mudanza.
(Aparte.)	Tocad. (¡Oh, si a ver lograda llego la acción que emprendí!)

Sirene   ¡Atención, que desde aquí
empieza la otra jornada!

(Puso el autor aquí este sarao, para que, dilatándose en las mudanzas lo que pareciere, sirva de sainete, en lugar del que se estila hacer entre las dos jornadas.)

Fin de la segunda jornada

Jornada tercera

(Dividida la música en Coro I y Coro II, cantan, saliendo a danzar caballeros y damas, como lo dicen los versos.)

Coro I

«Dama divina,
danza conmigo,
que no vivo, no,
si ajena te miro.»

Coro II

«Mirad a otra parte,
galán caballero,
que todos verán
lo mucho que os quiero.»

Claridiana

Si en esta amorosa calma
se deja tratar el cielo,
merezca tan alta palma,
pues, la rodilla en el suelo,
reverencia os hace el alma.

Lindabridis

Logre vuestro atrevimiento
su deseo en la fe mía.

(A Febo.)

Dadme vos licencia, atento
a que en mí es la cortesía
reina de mi pensamiento.

(Sale a danzar.)

Febo

Salid, señora, a danzar.
Muy poco envidio el favor,
porque sé que es adorar
una sombra del amor,
por ídolo de su altar.

Meridián   Mientras en pie la contemplo,
respetaré su luz pura.

(Pónense todos en pie.)

Licanor   Reverén100enla a mi ejemplo,
si es templo éste de hermosura,
por imagen de su templo.

Coro I   «Cuando entráredes, caballero,
en mi castillo inmortal,
vestido de blanco acero,
bien dirán que mucho os quiero,
cuantos conozcan mi mal.»

(Danzan Claridiana y Lindabridis.)

Coro II   «Cuando entráredes, dama hermosa,
en el templo del amor,
deidad de jazmín y rosa,
bien dirán que sois mi diosa,
cuantos vean mi dolor.»

Floriseo (Aparte.)   (¿Qué más ocasión aguarda
mi pena? ¿Qué me acobarda?)
Dadme otro lugar a mí,
pues yo también vine aquí
por vos, princesa gallarda.

(Ase de la mano a Lindabridis.)

Coro I   «Si quisiéredes ser mi amante,
caballero, yo os querré,

como cortés y galante
me mostréis siempre constante
dulce amor y firme fe.»

(Sirene le coge de la mano a Floriseo, y vuelven a danzar Claridiana y Lindabridis.)

Sirene (Aparte.)   (Ya la venganza prevengo
del que necio me dejó;
así mis desaires vengo.)
Si fe buscáis de amor, yo
la fe verdadera tengo.

Coro II   «Si os quejáredes, dama bella,
que no supe agradecer,
culpad a sola mi estrella,
pues que solamente es ella
la que me enseñó a querer.»

Caballero I (Aparte.)   (No introducirme es error,
para dar de mi ardimiento
muestras.) Perdonad, señor,
que para este atrevimiento
licencia ha dado el amor.

(Toma de la mano a Lindabridis.)

Coro I   «Cuando entráredes, caballero,
en mi castillo inmortal,
vestido de blanco acero,
bien dirán que mucho os quiero,
cuantos conozcan mi mal.»

Arminda   Si amor da liencia, quiero

tomarla yo en tu presencia;
que esto podrá —bien lo infiero—
una dama, si hay licencia
de que pueda un caballero.

(Tómale la mano Arminda a él.)

Coro II   «Cuando entráredes, dama hermosa,
en el templo del amor,
deidad de jazmín y rosa,
bien dirán que sois mi diosa,
cuantos vean mi dolor.»

Rosicler   Pues si en la opinión o fama
de quien más estima y ama
esta ocasión toca, ya
hablar cualquiera podrá
en el sarao a su dama.

(Pónese a una punta del tablado.)

Febo   Yo desde esta parte intento,
adorando esa hermosura,
siempre a la ocasión atento,
pues que cada cual procura
decirla su pensamiento.

(Pónese a la otra punta.)

Coro I   «Si quisiéredes ser mi amante,
caballero, yo os querré,
como cortés y galante
me mostréis siempre constante
dulce amor y firme fe.»

Coro II	«Si os quejáredes, dama bella,
	que no supe agradecer,
	culpad a sola mi estrella,
	pues que solamente es ella
	la que me enseñó a querer.»

(Estarán trabados los lazos, danzando en medio los más que puedan, y en las cuatro esquinas Rosicler, Febo, Meridián, y Licanor en pie; y empiezan todos otra diferencia de tañido.)

Coro I	«A la sombra de un monte eminente,
	que es pira inmortal,
	se desangra un arroyo por venas
	de plata torcida y hilado cristal.»

Coro II	«Sierpecilla escamada de flores,
	intenta correr,
	cuando luego detienen sus pasos
	prisiones suaves de rosa y clavel.»

Coro I	«Detenido en los troncos, suspende
	el curso veloz
	y, adquiriendo caudales de nieve,
	malogra la rosa y tronca la flor.»

Coro II	«A las ondas del Nilo furioso
	se arroja a morir,
	y parece su espuma una línea
	que labra dibujos de plata y marfil.»

Coro I	«¡Ay de las lágrimas mías,
	que, siendo tú arroyo y fuente,
	las entregué a tus cristales,

y en el mar de amor se pierden.»

Coro I

«Lindabridis, Lindabridis,
que deidad humana eres,
atiende a mis voces, ya
que a mis lágrimas no atiendes.»

Coros I y II

«Por ti, dama hermosa,
por ti, bella fénix,
por ti, dulce encanto,
Amor vive y muere.»

Coro I

«Suspiros son de un amante
cuantos los aires suspenden,
lágrimas son de un celoso
cuantas los cristales beben.»

Coro II

«Quejas son de un ofendido
cuantas las flores divierten,
voces son de un desdichado
cuantas al eco enmudecen.»

Coros I y II

«Por ti, nuevo encanto,
por ti, bella fénix,
por ti, dama hermosa,
Amor vive y muere.»

Lindabridis

Muera de amor el que adora,
muera el que suspira y llora.

(Llega hacia donde está Febo.)

Febo

¿Queréis que yo muera?

Lindabridis	No.

Febo
: ¡Qué dichoso fuera yo,
si quisiésedes, señora!

Coros I y II
: «Muera de amor el que adora,
muera el que suspira y llora.»

Lindabridis
: Amor, el mejor maestro,
muriendo enseña a vivir.

(Llega hacia donde está Rosicler.)

Rosicler
: Mi obediencia en eso muestro;
pues ¿qué más dulce morir,
que por el servicio vuestro?

Coros I y II
: «Amor, el mejor maestro,
muriendo enseña a vivir.»

Lindabridis
: ¿Cómo, si de amor sentís,
siempre muriendo vivís?

(Llega hacia otro de los que danzan.)

Caballero I
: Quiere amor que me perdone
la muerte, hasta que os corone
en la plaza de París.

Coros I y II
: «¿Cómo, si de amor sentís,
siempre muriendo vivís?»

Lindabridis
: Precio, laurel y trofeo
de vuestra victoria soy.

(Llega hacia donde está Claridiana.)

Claridiana   Para lograr mi deseo,
                    pluguiese al Amor que hoy
                    se celebrase el torneo.

Coros I y II   «Precio, laurel y trofeo
                       de vuestra victoria soy.»

(Dentro golpes y ruido, y dicen Fauno y Malandrín.)

Fauno   Rompe con un pie el castillo.

Malandrín   No soy nada rompedor;
                    que solo rompen mis pies
                    zapatos, castillo no.

Meridián   ¿Qué alboroto es éste, cielos?

Lindabridis   ¡Qué asombro!

Claridiana   ¡Qué confusión!

Febo   ¡Qué atrevimiento!

Floriseo   ¡Qué furia!

Licanor   ¿Quién da aquellas voces?

(Salen Fauno y Malandrín, vestido de pieles ridículo.)

Fauno   Yo.
                    Y me espanto que no haya,

generoso Licanor,
dicho en el eco mi acento,
dicho en el aire mi voz,
que es trueno, hijo de este rayo,
que es rayo, hijo de este Sol,
pues con mi voz y mi vista
trueno, llama y rayo soy.
Esa divina hermosura,
norte felice de amor,
buscando vengo, porque
es mía y su dueño soy
desde que fui de su amante,
a leyes de este bastón,
homicida y heredero;
joven, a quien trasladó,
nuevo Adonis, en estrella
la majestad de algun dios,
porque era hecho ya otra vez
lo de convertirle en flor.

Malandrín   Y todo cuanto dijere
el salvaje, mi señor,
está bien dicho; que al fin
con quien vengo, vengo.

Rosicler   Horror
de la gitana ribera,
a cuya inmensa ambición
sepulcro fue y monumento,
que el cielo te destinó
todo este castillo, cuando,
huyendo de mi valor,
urna funesta fue el centro
que engendra miedo y pavor,

¿qué fiera segunda vez
de sus senos te abortó?
Si ya no de tus cenizas
renaciste, si ya no
moriste y a vivir vuelves
a ruegos de mi valor,
para que vuelva a matarte.

Floriseo   ¡Oh tú, inculto semidiós
de las orillas del Nilo,
de cuyo engaño aprendió
el cocodrilo traiciones,
remedo de humana voz!
Si tanto sentiste, tanto
que no te matase yo
que me vienes a buscar,
por lograr este blasón,
hazte al campo; en él te espero.

Febo   Hombre o fiera o lo que sois,
si morir a nobles manos
fue ya vuestra pretensión,
yo soy quien os ha de hacer
esa lisonja, pues soy
Febo, y podrá la soberbia
—si de gigante intentó
blasonar— decir después
que fue vencida del Sol.

Meridián   A nadie le toca aquí
hablar sino a mí, pues yo
mantengo este paso y debo,
como al fin mantenedor,
responder a todo trance;

y así en respuesta te doy
la vida, hasta que te mate.
Vive, siquiera por hoy.

Fauno   Si tanta ilustre soberbia,
tanta noble presunción
sucede al acero como
a la lengua sucedió,
no dudaré que en venceros
adquiera yo algún blasón.
Pero tampoco creeré
que darme pueda temor
quien con instrumentos dulces
ensaya guerras de amor,
cuando de cajas y trompas
les está llamando el son.
Si sois enemigos todos,
si competidores sois
de una dama, ¿cómo estáis
conformes? Bien que desde hoy
a cualquiera que intentare
mirar solo un arrebol
de esa luz le daré muerte;
que mal sufrirá el valor
mío que otro esté logrando
lo que esté adorando yo.
Porque, aunque partir las dichas
es la más ilustre acción,
las dichas del amor tienen
privilegio de que no
se partan; y esto se prueba
por una razón de dos;
o porque amor es avaro,
o porque dichas no son.

Malandrín	Y a todo cuanto dijere el salvaje, mi señor...
Licanor	Bárbaro, la mayor muestra es de constancia y valor la estimación con que debe tratarse al competidor. ¿Qué más nobleza, qué más grandeza, qué más blasón que darse muerte mañana los que se festejan hoy? A tu política ruda esta respuesta le doy; y en cuanto a la lid que aplazas, no ha lugar tu pretensión; que éste no es circo de fieras, ni aquesas campañas son anfiteatros que muestran espectáculos de horror, haciendo duelo los brutos y los hombres.
Fauno	¿Cómo no? ¡Vive Lindabridis, viven sus ojos, que el tornasol del mayor planeta agravian, que he de ser conquistador de su hermosura! Si noble debo ser, tan noble soy que en la maga Pitonisa espíritu me engendró angelical. A ese monte a esperar a todos voy;

aunque el ver que no osarán
a salir es mi dolor,
como ya otra vez no osaron
a entrar. ¡Ay de uno que entró,
pues que, rendido a mis manos,
la saña y furia probó
de otra fiera, aunque haya sido
civil castigo de un dios!

(Vase.)

Malandrín   Y a todo cuanto dijere
        el salvaje, mi señor...

(Vase.)

Floriseo   Espérame, ya te sigo.

(Vase.)

Febo   Aguarda, que tras ti voy.

(Vase.)

Rosicler   En alas de mis deseos
        he de correr más veloz.

(Vase.)

Licanor   Remediaré tantos daños.

(Vase.)

Meridián   De toda esta confusión

la causa fue tu hermosura;
no te lo perdone Amor.

(Vase.)

Claridiana (Aparte.)   (A toda esta novedad
no me he declarado yo,
porque no dijese el Fauno
que a quien dio la muerte soy.
¿Qué he de hacer, ya conocida
de Febo una vez? Mejor
será mudar de consejo,
dejando la pretensión
de la guerra, y acudiendo
a las lágrimas, que son
las armas de las mujeres,
pues que ya no puedo, no,
conseguir el fin que traje.
Vamos a otro caso, Amor.)

Lindabridis   Aquí se quedó. Mirad
esas puertas.

(Vanse Sirene, Arminda y las otras damas.)

Gracias doy
a mi dicha, oh Claridiano,
de haberme dado ocasión
para hablarte.

Claridiana   ¡Ay enemiga!
La primera que ofendió
amando eres tú.

Lindabridis	¿Qué es esto, mi bien, mi dueño y señor?
Claridiana	¿Qué ha de ser? Morir de celos. ¿Qué ha de ser? Morir de amor.
Lindabridis	¿Qué tienes?
Claridiana	¿Qué he de tener? ¿No es bastante ver —iay Dios!— a Febo contigo?
Lindabridis	Dime, ¿pudiera pensarlo yo?
Claridiana	Sí pudieras.
Lindabridis	¿Cómo?
Claridiana	¿Cómo? No haciendo a Febo favor.
Lindabridis	Yo, Claridiano, por vida... —tuya, iba a decir, mas no me atrevo— que no hice tal; porque él fue el que pretendió aquel lugar junto a mí.
Claridiana	¿Él mismo?
Lindabridis	Él mismo.
Claridiana (Aparte.)	(¡Ay traidor!) ¿Y, habiéndome conocido?

Lindabridis	Él fue el que solicitó hablarme.
Claridiana	Calla.
Lindabridis	¿Por qué? ¿No es satisfacerte?
Claridiana	No, no es sino darme la muerte.
Lindabridis	¿Qué dices?
Claridiana	No sé.
Lindabridis	Ni yo sé de cuál tienes los celos, de él o de mí.
Claridiana	De los dos; porque, aunque un bárbaro dijo que él tuviera por error «sufrir que otro esté mirando lo que esté queriendo yo», no siento tanto el que te ame como el perderte mi amor.
Lindabridis	Sí; pero sientes que él dé la causa.
Claridiana	Oye la razón. Si tú me dieras la causa, dejara de amarte yo;

porque amor sobre un agravio
es desaire del valor;
pues yo sufriera un desdén,
un enojo y un rigor,
mas no un agravio; que agravios
tocan a la estimación.
Y así, si él te busca a ti,
no es causa bastante, no,
para olvidarte, y lo es
para sentir mi pasión;
luego si, amándote él,
tengo de sentirlo yo,
y no tengo de dejarte,
es la desdicha mayor
que tú no me des los celos
y él sí, pues entre los dos,
nunca quitada la causa,
siempre durará el dolor.
Y así quédate...

Lindabridis   Detente.

Claridiana   ...donde él te sirva...

Lindabridis   Es rigor.

Claridiana   ...solicitando...

Lindabridis   Es agravio.

Claridiana   ...de hablarte y verte ocasión.

Lindabridis   Plegue a Dios, si no aborrezco
su vista, porque es feroz

a mis ojos su presencia.

Claridiana   Tampoco no quiero, no,
que digas mal de él.

Lindabridis   Por qué?

Claridiana   Porque es mi competidor.
Suelta.

Lindabridis   No has de irte.

Claridiana   Es en vano.

(Ásele de la banda Lindabridis.)

Lindabridis   Preso estás.

Claridiana   Limaré yo
la cadena.

(Quédase con la banda Lindabridis.)

Lindabridis   Al fin me dejas
prenda.

Claridiana (Aparte.)   Es violento. (¡Ay rigor!
Vamos a probar fortuna
en otra trasformación.
¿Qué ha de ser? ¿Morir de celos?
¿Qué ha de ser? ¿Morir de amor?)

(Vase.)

Lindabridis	El primer amante ha sido
	que huye la satisfacción,
	pues muchos agradecieran,
	aunque supieran que son
	mentirosas, escucharlas.
	Corrida y confusa estoy.
	No en vano, pues, me dijiste
	la primera vez que yo
	te vi que eras un enigma,
	pues mil sentidos te doy,
	y no pueden descifrarte
	oído, vista ni voz.
	Mas no ha de quedarse así;
	despéñeme mi pasión,
	porque amor sin desatinos
	es muy descortés amor.
	Iréme tras él.

(Sale Sirene.)

Sirene	Señora,
	advierte...
Lindabridis	Es, Sirene, error
	aconsejar a quien corre
	tras la desesperación.
Sirene	¿Y es razón...?
Lindabridis	No; pero ¿cuándo
	hay pena puesta en razón?
	Yo le tengo de seguir.
Sirene	Piensa otro medio mejor.

Lindabridis	¿Qué medio?

Sirene

Pues que tenemos
para todo prevención,
con algún disfraz, señora,
encubriendo rostro y voz,
para salir del castillo,
el medio busca mejor,
pues estando la campaña
de diversas gentes hoy
cubierta, no hay qué temer.

Lindabridis

Dices bien; y en mi favor
llevaré esta banda, siendo
metamorfosis de amor.
Ven a vestirme, Sirene.

Sirene   ¿Qué es esto en tu presunción?

Lindabridis   ¿Qué ha de ser? Morir de celos.
¿Qué ha de ser? Morir de amor.

(Vanse. Salen por un lado Fauno y Malandrín, y síguenlos Febo, Meridián, Rosicler y Floriseo, Caballero y el rey Licanor deteniéndolos.)

Fauno

Yo no entiendo, yo no sé
las políticas del duelo;
solo sé manchar el suelo
de humana sangre, porqué
sedienta no haya una flor.
Sígame el que verlo quiere.

(Vase.)

Malandrín	Y en todo cuanto dijere el salvaje, mi señor,...
Licanor	Ninguno pase de aquí ni siga ese monstruo ya.
Meridián	Tened a éste.
Malandrín	¿Cuánto va que esto llueve sobre mí?
Caballero I	Llegad.
Licanor	¿Quién sois?

Malandrín	Haga tregua
	tu enojo, y muda consejo;
	que soy un Fauno de viejo,
	un semidiós de la legua,
	    una fiera del castillo,
	un sátiro remendón,
	un bruto de bodegón
	y un monstruo del baratillo;
	    que viendo, señor, un día
	la madre que me parió
	que era tan salvaje yo
	que aun el serlo no sabía,
	    como el que aprende a fullero,
	que dice «Bueno es saber»,
	así la buena mujer
	me dijo, «Ponerte quiero
	    de un salvaje al pupilaje,
	porque, si en decir y hacer

al fin salvaje has de ser,
aprendas a ser salvaje.»

Febo (Aparte.)
(¿No es Malandrín éste? Sí.
¿Qué discurro ni imagino?
El con Claridiana vino.)

Licanor
Llevadle luego de aquí
y ahórquenle a un árbol, porqué
a ese bruto horrible y fuerte
le dé escándalo su muerte.

Malandrín
No, señor, no hay para qué;
vivo se le daré yo,
y ahorraré de ahorcarme aquí
la costa.

Febo
Señor, a mí
de escudero me sirvió
este hombre, y es un loco;
suplícote le perdones.

Licanor
Basta, Febo, que le abones.

Febo
Libre estás.

Malandrín
Mil veces toco
la tierra que pisas. Ya
siempre he de andar a tu lado
de salvaje reformado.

Licanor
Pues, cubierto el campo está
hoy de tanto aventurero
que a esta empresa concurrió,

120

ya no hay más que esperar, yo
asistir al duelo quiero
luego; no la bizarría
de tanto joven valiente
con nuevos riesgos aumente
ocasiones cada día.
Idos a prevenir, pues,
porque luego el campo sea.

(Vase.)

Malandrín   Yo haré allá que el mundo vea
quién mayor salvaje es.

Meridián   Ya, príncipes, la ocasión
que pide nuestra esperanza
se cumple hoy, pues hoy alcanza
el premio tanta opinión.
Valiente, bizarro y sabio
el vencedor ha de ser;
de tres tiempos ha de hacer
muestra sin pasión ni agravio;
sabio en la empresa que escriba;
galán en la luz que aumente
rayos al Sol; y valiente
cuando a tantos riesgos viva.
Hoy, en efeto, es el día
de mostrar vuestro valor;
la fortuna y el amor
a campaña os desafía.
Generosa es la aventura,
sus esperanzas pregona
el precio de una corona
y el laurel de una hermosura.

Con esto así animar quiero
el valor que he de vencer;
que bien lo habréis menester,
pues yo soy el que os espero.

(Vase.)

Floriseo

Muy poco podrá vivir
con aplauso ni opinión
esa altiva presunción,
si soy yo el que ha de salir.

(Vase.)

Rosicler

Ya que a este trance la suerte,
oh Febo, nos ha traído,
sola una cosa te pido,
antes que me des la muerte.

Febo

¿Y es?

Rosicler

Que enemigos seamos
y hermanos.

Febo

¿Cómo?

Rosicler

Los dos
al mundo, al cielo y a Dios
jura y homenaje hagamos,
que el que perdiere la empresa,
desistido de ella ya,
luego al otro ayudará
con sus armas.

Febo	Siendo ésa
	tan justa acción, este día
	así lo prometo y juro.

| Rosicler | Pues si de ti estoy seguro, |
| | Lindabridis será mía. |

(Vase.)

Febo	Malandrín, ya que he quedado
	contigo en esta ocasión,
	rescata mi confusión
	de las manos de un cuidado.
	¿Qué fortuna os ha traído
	aquí, Malandrín? ¿Qué es esto?
	¿Quién en tal lance os ha puesto?

Malandrín	De tu razón he inferido
	que sabes ya que está aquí
	Claridiana.

Febo	Sí lo sé,
	y, en una ocasión que fue
	bien apretada, la vi;
	pero quedé tan turbado
	de verla que no llegó
	el desengaño. Allí yo
	la siguiera despechado,
	si al paso no me saliera
	gente. En efecto, no fue
	posible, y disimulé,
	porque ella entonces no fuera
	conocida. En el festín
	otra vez me ocasionó

a descubrirla, si yo
no me reportara allí.
   Desde entonces no he podido
hablarla, aunque lo deseo.
Llévame a verla; que creo
he de perder el sentido,
   hasta saber qué es su intento.

Malandrín   Eso yo te lo diré;
competirte aquí, porqué,
dándola su atrevimiento
  a Lindabridis, no sea
tuya; y en cuanto a que yo
te lleve a verla, eso no
podré, aunque amor lo desea;
   porque no sé dónde esté;
que yo no vine con ella
aquí, ni aquí pude vella,
porque tan tirana fue
   conmigo que me dejó
aprendiz de monstruo fiero,
y en el castillo ligero
de Lindabridis voló.

Febo   ¿Qué haremos para buscarla?

Malandrín   Ir el campo discurriendo.

Febo   Ven, que por aquí pretendo,
aunque se disfrace, hallarla.

(Sale Lindabridis en traje de hombre, con la banda de Claridiana.)

Lindabridis (Aparte.)   (De esta suerte me he atrevido

de mi castillo a salir
disfrazada, para ir,
sin ley, razón ni sentido,
  a buscar a Claridiano
y a darle satisfacción
de que vanos celos son
los que le afligen en vano.
  Gente hay aquí. No parece
que me mira nadie hoy
que ya no sepa quién soy.
Sombras que el temor ofrece.)

Febo
  Malandrín, di, ¿será aquélla
Claridiana o son mis ojos
cómplices de estos antojos?

Malandrín
  No, señor, sino que es ella;
  porque la bordada banda
yo la conozco muy bien
y fuera de eso, también
el cuidado con que anda
  lo dice; que, aunque haya estado
tan disimulada, ha sido
porque —a buena fe— no ha habido
quien la mire con cuidado
  las paticas. ¿No la ves?
Llega a hablarla, mas no esperes;
que demonios y mujeres
se conocen por los pies.

Febo
  Caballero rebozado,
quitar la banda podéis
al rostro; porque, si es ciego
Amor, no la ha menester.

Ya estáis conocido, ya
por demás el disfraz es,
que embozado el Sol descubre
los rayos del rosicler.

Lindabridis (Aparte.)   (¡Yo estoy muerta! Conocióme
Febo. Pero callaré
a todo, porque la voz
no lo confirme.)

Febo   No estéis
tan falso conmigo ya,
caballero, pues sabéis
que os conozco; y si gustáis
de que más señas os dé,
sois una enigma de amor
que una cosa parecéis
y sois otra, dos sentidos
entre el favor y el desdén.
Disfraz de celos —si celos
pueden disfrazarse— es
el traje; a un dueño buscáis
que, porque amado se ve,
trata tan mal el favor.
Mas ¿quién en el mundo, quién
no trata sus dichas mal,
si las ve logradas bien?

Lindabridis (Aparte.)   (¿Ya qué hay que dudar? Las señas
bien claro dan a entender
quién soy; mas con todo intento
fingir callando, porqué
lo que hay de callar a hablar
hay de dudar a creer.)

Febo	No os vais; porque si no bastan tantas señas como veis para mayor desengaño, las del amante os diré.
Lindabridis (Aparte.)	(Claridiano ya sin duda se ha declarado con él; sí, pues dice mis amores.)
Febo	De su misma boca sé que el amar a Lindabridis bizarría y valor es...
Lindabridis (Aparte.)	(¿Qué escucho?)
Febo	...pero no amor; porque fuera injusta ley de su ardimiento faltar su firma de este cartel; y que otro en el mundo fuera dueño de tanto interés y le ganase por armas, viviendo en el mundo él. Esto me ha dicho, que ha sido causa de venir a ver y servir a Lindabridis, pero no el quererla bien.
Lindabridis (Aparte.)	(¿Desprecios de mí le ha dicho? ¡Ah, Claridiano cruel! ¿Bizarría fue tu amor y bizarría tu fe?)

(Sale Claridiana en traje de dama.)

Claridiana (Aparte.)   (Con nuevo disfraz de amor,
ya que posible no fue
llevar el intento mío
tan al fin como pensé,
a Febo vengo buscando;
que, conocida una vez,
no es justo, no, que me vea
en traje indecente, a quien
como a su dueño le mira,
como a su esposo le ve.
No me ha de quedar fineza
alguna. Mas ¿no es aquél?
Sí. Hablando está con un hombre;
que esté solo esperaré.)

Febo   ¿Para qué, señora, andamos
por rodeos? ¿Para qué?
Hablemos claro, mi dueño,
mi cielo, mi gloria y bien;
de estas finezas deudor,
humilde estoy a tus pies.
Sabe el cielo que te adoro;
cese ya, cese el desdén.

Lindabridis (Aparte.)   (Él se declara conmigo
ya, porque sola me ve,
de Claridiano ofendida.
¡Válgame Dios! ¿Qué he de hacer?)

Claridiana (Aparte.)   (¿Ya qué esperan mis desdichas?
¡Vive el cielo, que es mujer!
Y, si en la banda reparo,

                                    Lindabridis —iay Dios!— es.)

Febo   Yo te adoro, tú eres sola
                         dueño mío; siempre fiel
                         pagaré tan gran fineza.
                         Y, si me has venido a ver
                         en este traje hasta aquí,
                         ¿por qué me tratas, por qué,
                         de esta suerte?

Lindabridis (Aparte.)   (Peor es esto;
                         juzga que vine por él.)

Claridiana (Aparte.)   (Buenas andamos las dos;
                         una se empieza a poner
                         el traje que la otra deja.
                         Saldré furiosa, saldré,
                         y entre mis brazos... Mas no;
                         que no hace una mujer bien
                         que se pone a pedir celos
                         delante de otra mujer.
                         Su conversación —iay triste!—
                         con industria estorbaré,
                         y a cada uno de por sí
                         sabré matarle después.)

(Vase.)

Febo   Si no es posible negar
                         ya quién eres, si te ves
                         declarada, ¿por qué dura
                         tu rigor? Cese el desdén,
                         quítate la banda, y deba
                         una palabra a tu fe.

(Dentro Claridiana.)

Claridiana   ¡Febo, Febo!

Febo   ¿Quién me llama?

Claridiana   ¡Que me dan la muerte! Ven
a socorrerme.

Malandrín   ¿Qué es esto?

Febo   Aquella voz ¿cúya es,
Malandrín?

Malandrín   Pues ¿qué sé yo?

Febo   ¡Vive Dios, que juraré
que es la misma que está aquí!

Malandrín   Pues si a eso va, yo también.

(Dentro.)

Claridiana   ¡Mira que me dan la muerte,
Febo, por quererte bien!

Febo   ¿Qué es esto, cielos? ¿Aquí
el cuerpo hermoso se ve
y allí la lengua pronuncia?
¿Aquí la forma fiel
calla y allí habla la voz?
¿Que la vida aquí se esté
y que allí el alma se escuche?

¿Qué es esto?

Malandrín   Pues yo ¿qué sé?

Claridiana   ¡Acude a darme la vida!

Febo   Alma sin cuerpo, sí haré.
Perdona, cuerpo sin alma,
porque en dos riesgos es bien
acudir a quien me llama;
y esto no es ser descortés,
pues te dejo a ti por ti.

(Vase.)

Malandrín   Pues también yo acudiré
a mí por mí en este caso,
huyendo de aquí, porque
alguno de estos encantos
a mí por mí no me dé.

(Vase.)

Lindabridis   ¿Qué confusiones son éstas?
Pero ¿qué pregunto, qué,
si estamos en Babilonia,
que patria de todas fue?

(Sale Claridiana.)

Claridiana   Mejor dijeras, «si estamos
donde una fácil mujer,
aunque no está en Babilonia,
tiene en el alma un Babel.»

Lindabridis	¿Claridiano?
Claridiana	¿Lindabridis?
Lindabridis	¿Qué traje, qué disfraz es ése?
Claridiana	¿Qué disfraz, qué traje es esotro?
Lindabridis	Ya lo sé.
Claridiana	Como uno que dicta a dos, con sola una voz que dé, escriben dos un concepto, así hizo el amor también; mas con una diferencia, a mí para entrarte a ver y a ti —¡ay Dios!— para salir a ver a Febo.
Lindabridis	Di; ¿a quién?
Claridiana	A Febo. ¿Yo no lo he visto? Que eres falsa, eres cruel, eres mudable, eres fiera, eres —¿dirélo?— mujer; pues con tener hoy prestado el traje, yo estoy en él tan mudada en un instante que no has de volverme a ver.
Lindabridis	Bien te curas en salud

de traiciones tuyas, bien
ganas de mano a la queja,
pues, fiero y mudable, pues
ingrato y desconocido,
tratas mi amor. Ya lo sé,
que es vanidad solamente
de ese fijado cartel
lo que te obliga a engañarme,
y que eres traidor, sin fe,
sin respeto, sin decoro,
sin honor, sin Dios, sin ley;
hombre, al fin; que aqueste traje
prestado un instante es
y me enseña a ser traidor;
tanto que estoy por creer
que es verdad que soy mudable
después que me adorna él.
Pero basta que te diga
que no has de volverme a ver.

Claridiana   Ni yo quiero que me veas
en tu vida; porque quien
vino a buscar a otro así
¿para qué, di, para qué
quiero yo verla ni oírla,
si ha de engañarme cruel?

Lindabridis   Buena disculpa has hallado
a un término descortés.

Claridiana   No es disculpa, sino queja.

Lindabridis   A ti te venía yo a ver,
aunque estaba con él.

Claridiana	Mira,
	Lindabridis, otra vez
	si a uno buscas y a otro hablas,
	trueca a los dos el papel;
	estáte hablando conmigo
	y venle a buscar a él.
Lindabridis	Y tú, otra vez que a una dama
	hayas de servir y hacer
	alarde de tu valor,
	acude solo al cartel
	y no al engaño.
Claridiana	Yo vi
	esto.
Lindabridis	Yo estotro escuché.
	¡Ay traidor!
Claridiana	¡Ay enemiga!
Lindabridis	Eres falso.
Claridiana	Eres infiel.
Lindabridis	Eres ingrato.
Claridiana	Eres fiera.
Lindabridis	Eres hombre.
Claridiana	Eres mujer.

Lindabridis	Yo...
Claridiana	Yo...
Lindabridis	No te digo más.
Claridiana	Ni yo, porque no podré.

(Sale Febo.)

Febo	No hallé en el monte del eco el dueño. Pero ¿qué ven mis ojos? ¿Tú en este traje? ¿Tú en esotro? Decid; ¿qué es?
Lindabridis	De ese galán disfrazado, Febo, lo podrás saber.

(Vase.)

Claridiana	Esa dama disfrazada, Febo, os lo dirá más bien.

(Vase.)

Febo	¡Oye, aguarda, escucha, espera! ¿Cuál de las dos seguiré? Deten, Claridiana, el paso; que ya voy tras ti. Detén el curso tú, Lindabridis; ya te sigo. ¿Qué he de hacer? Que, por alcanzar a dos, no sigo a ninguna; bien como el acero entre imanes

que, si llamado se ve
de dos impulsos, se queda
en solo el aire después.
Y así yo, que entre dos soles
me siento abrasar y arder,
ni sé a quién le dé la vida,
ni a quién el alma le dé.
Oye tú, prodigio hermoso;
oye tú, asombro cruel.

(Sale el Fauno.)

Fauno

¿Asombro y prodigio dijo?
Yo soy. ¿Quién me llama?

Febo

     Quien
diligenciara su muerte
en tus brazos, a tener
licencia para morir;
mas no lo quiere el desdén
de mi fortuna; y así
a mi pesar viviré,
huyendo de ti. ¡Mal haya
tan necia e injusta ley!
¿Cuándo fue el amor cobarde,
ni temió el que quiso bien?

(Vase.)

Fauno

     Buena disculpa es ésa,
cuando el temor a voces se confiesa.
No os habéis atrevido
nunca a salir y, lo que miedo ha sido,
lo tenéis a valor; mas no me espanto

que tanto tema quien se atreve a tanto,
cuando a mi brazo fuerte
licencia de matar pidió la muerte.

(Sale Claridiana.)

Claridiana   Apenas me resuelvo
a ausentarme de aquí, cuando aquí vuelvo.

(Sale Lindabridis.)

Lindabridis   ¡Cuánto, oh cielo divino,
arrastra a un desdichado su destino!

Claridiana   Aquí quedó.

Lindabridis   Que aquí he de hallarle creo.

Fauno   Mujer es peregrina
la que hacia mí los pasos encamina.
Muerto de amor de una beldad me veo,
y he de curar con otra mi deseo,
aunque aplicarle una al que otra ama,
será matarle el humo, no la llama.
¡Mujer...!

Claridiana   ¡Ay de mí triste!

Fauno   ...en tu favor...

Claridiana   ¿Qué miro allí?

Fauno   ...consiste
mi vida.

Lindabridis   Ya ¿qué espero?
                   Con esta obligación ceñí el acero.
                   Fiera...

Fauno   ¿Qué es lo que veo?
                   Verdades dudo, si ilusiones creo.
                   ¿Tú, hermosa sombra fuerte,
                   no eres aquélla a quien le di la muerte?
                   Y tú, deidad fingida,
                   ¿no eres aquélla a quien le di mi vida?
                   Pues ¿cómo tú mudanzas del ser haces?
                   ¿Tú mueres joven y mujer renaces?
                   ¿Tú, dime, entre mis brazos
                   —nudos de Venus, y de Marte lazos—
                   entonces no te viste?
                   ¿Tú en su defensa entonces no moriste?
                   Pues ¿cómo aquí, con una acción trocada,
                   ciñes tú la hermosura y tú la espada?
                   ¿Y yo confuso ignoro
                   a quién la muerte doy y a quién adoro?
                   No sé lo que hacer debo,
                   ni encantos tales a apurar me atrevo,
                   si, trocando la suerte,
                   a ti te adoro, a ti te doy la muerte.
                   Adoraré una sombra
                   en ti, que viva admira, y muerta asombra;
                   y daré en ti la muerte a una luz pura
                   que mañana será nueva hermosura.
                   Y así, sombras fingidas,
                   que a trueco os dais las muertes y las vidas,
                   confusas ilusiones,
                   que os prestáis las bellezas y blasones,
                   huyendo os venceré, porque pretendo

138

el primer monstruo ser que venza huyendo.
Vivid, vivid, y máteme a desmayos
el dios de los relámpagos y rayos.
¡Qué pena, qué dolor, qué horror tan fuerte!
¡Qué vida tan cruel, qué hermosa muerte!

(Éntrase, y tocan caja y clarín.)

Claridiana   Aunque el caso pudiera
darme ocasión a que el ingenio hiciera
varios discursos, cuantos solicita
esta ocasión la brevedad me quita
del tiempo, que me llama
con voces de metal a ganar fama.
Quédate a Dios; que, aunque tu amor lo impida,
voy a ganarte a precio de mi vida.

(Vase.)

Lindabridis   Y yo a tu lado quiero
acreditar este valiente acero,
que no le ceñí en vano;
y, ganándome a mí mi propia mano,
darme yo a mi albedrío.
¡Vive Amor, que ha de ser mi imperio mío!

(Vase. Tocan cajas y trompetas, y salen Sirene, Arminda, y las damas.)

Sirene   Pues no vuelve Lindabridis
al castillo, y excusada
está de acudir al duelo,
por decir que en esta causa
lidia su sangre y su amor,
y que fuera acción ingrata

mirar ella a quien por ella
hoy con su hermano se mata,
salgamos todas a ver
las telas y la campaña;
que es morir vivir sin ver
una mujer lo que pasa.

(Sale Malandrín.)

Malandrín   ¡Oh quién tuviera boleta
para ver de una ventana
toda la fiesta! Aunque a mí
muy poco de ver me falta.

Sirene   ¡Soldado!

Malandrín   ¿Qué me mandáis,
las bellísimas madamas?

Sirene   Que nos digáis si por dicha
se extiende a esta voz la fama,
quién son los aventureros
que han de entrar en la estacada.

Malandrín   Habéis hallado con quién,
sin que falte una palabra,
os lo diga; porque he andado,
ya que no de rama en rama,
de tienda en tienda, mirando
quién son y qué empresas sacan;
porque soy relacionero,
y ésta he de imprimir mañana,
si la tinta no me miente
o si el papel no me falta.

140

Y, para que me creáis
cuanto os diga, breves Gracias,
va de relación; que es fuerza,
entretanto que se arman,
dar tiempo al tiempo. En efecto,
amaneció esta mañana
cubierto el sitio de tiendas
de damasco, tela y grana;
era un monte levadizo
que, para engañar al alba,
nieve y flores le vestían
las plumas sobre las armas.
Listadas de azul y oro
se vieron todas las vallas,
que presumió el Sol que era
la eclíptica que él abrasa.
No la hicieron salva, no,
los músicos que la aguardan;
que otros pájaros canoros
de metal la hicieron salva.
El mantenedor valiente,
al son de trompas y cajas,
dio un paseo, y por empresa
pintó una horrible borrasca.
Y así, en medio de las olas
y combatido de cuantas
iban y venían, a todas
resistía en las espaldas
de un delfín que hasta la orilla
le aportó, bajel de escama.
La letra en su nombre dice,
como que al delfín le habla:
«Temeroso voy del-fin»,
que brevemente declara

que en tempestades de honor,
donde le combaten tantas,
resistiendo a todas él,
no sabe el fin que le aguarda.
El segundo que yo vi
era Rosicler de Tracia,
joven valiente. En su escudo
sacó una áncora pintada,
jeroglífico e insignia
que le dan a la esperanza.
Bien pareció grosería
que espere nadie que ama;
mas la letra le disculpa,
pues dice en breves palabras:
«Llevo esperanza, porqué
es fuerza que en mal tan grave
o me acabe a mí o se acaba.»
Floriseo, arpón de Amor
que disparó de su aljaba,
persa ilustre, joven fuerte,
acreedor de su alabanza,
sacó por divisa un muerto;
empresa desesperada
pareció, pero fue cuerda,
pues escribió en la mortaja:
«Por no temer,
voy cual sé que he de volver.»
El caballero del Febo,
aquel fénix que la fama
renace a instantes la vida,
emulación del de Arabia,
dando a entender que entre dos
pretensiones tiene un alma,
y que no sabe de cuál

ha de decir su esperanza,
un camaleón sacó
que sobre la verde grama
era verde, y sobre el mar
azul, colores contrarias,
pues nunca comieron juntos
los celos y la esperanza.
La letra lo significa
mejor, breve, aguda y clara:
«No sé cuál color es mía;
que no la tiene
quien del aire se mantiene.»
Síguese un gran personaje
que quiere entrar en la danza,
a fuer de caballería,
viendo que ha de dar las armas
a Lindabridis. Éste es
el Fauno... mas, lengua, calla;
que es el Fauno tu señor,
su yerba has comido y basta.
Es la empresa como suya;
en una grosera tabla,
pintado trae un demonio
que en el infierno se abrasa,
y dice la letra luego,
que está escrita entre las llamas:
«Más penado, más perdido,
y menos arrepentido.»
El príncipe Claridiano
de Sicilia —en su alabanza
quisiera gastar dos coplas,
si es que las coplas se gastan;
pero es tarde, voy al caso—
sacó un barco sobre el agua

que siempre se está moviendo
con tormenta y con bonanza;
y, significando que él
ni sosiega ni descansa,
dice la letra, mostrando
que aun no hay quietud en la calma:
«Éste ni yo no podemos
descansar,
por placer ni por pesar.»
Otro aventurero hay,
a quien nadie vio la cara,
ni sabe quién es; yo solo
sé que en su talle y sus galas
excede a todos, supuesto
que, en competencia o venganza,
Adonis le dio el despejo,
y Marte le dio las armas.
Éste una víbora fiera
pintó que, cuando le cansa
su veneno, a sí se muerde
y, esto diciendo, se mata:
«¡Oh qué veneno tan fuerte!
Por vivir me doy la muerte.»
(Tocan dentro.) Muchos pudiera contaros,
mas los clarines y cajas
dicen que ya llega al puesto
el mantenedor, y armadas
están las damas, por quien
hice relación tan larga.
Todo valiente esté alerta;
que si ellas una vez bajan
armadas, será peor
que Inglaterra y Holanda.
(Tocan de nuevo.) Ya vuelve otra vez el son

144

y, si la vista no engaña,
el rey, en su sitio ya,
preside al duelo y las armas.
Esto es hecho; yo no puedo
esperar más; que si falta
de allá mi persona, entiendo
que será la fiesta aguada,
porque yo las hago puras.
Adiós, bellísimas damas,
aunque, si queréis venir,
no nos faltará en la plaza
un sitio en que nos dé el Sol,
y en que nos vacíen el agua
de cantimploras de otros,
o una tudesca alabarda,
que las costillas nos muela,
que en ninguna fiesta faltan.

(Vase. Descúbrese el rey Licanor en un trono; sale Meridián de su tienda, y hacen la entrada por el palenque Febo, Floriseo, el Fauno, Rosicler, Claridiana y Lindabridis, todos con armas, y delante criados con los escudos, como han dicho los versos; y, en llegando delante de Licanor, hacen reverencia y ocupan sus puestos.)

Licanor
                    Tantos a tantos el duelo
se ha de hacer, y al que su fama
dejare solo en el puesto
por señor de la campaña,
a un golpe de pica solo,
y luego a muchos de espada,
hoy será de Lindabridis
esposo y rey de Tartaria.

Meridián
                    ¿Qué esperáis? Ya Meridián,

aventureros, aguarda.

(Repártense a un lado Lindabridis, Claridiana y Meridián; a otro Rosicler, Febo y Floriseo, y el Fauno en medio.)

Fauno   La victoria está por mía.

(Llega Claridiana y derriba el Fauno a sus pies.)

Claridiana   No está, pues que ya a mis plantas
                         caíste.

Fauno   ¿Quién me venciera,
                         si amor no me derribara?

(Cae.)

Todos   El príncipe Claridiano
                    viva, pues al Fauno mata.

Licanor   Tuya ha de ser Lindabridis;
                      cese el duelo, que esto basta.

(Baja Licanor del trono.)

Claridiana   ¡Dichoso yo, que merezco
                         su hermosura celebrada!

Lindabridis   Ahora me descubriré,
                          si Claridiano me gana.

Febo   No hace; porque Claridiano
                   es la hermosa Claridiana,
                   esposa mía, y señora

de los estados de Francia.

Lindabridis   Burlóme el amor.

Claridiana   Supuesto
que eres mía, tu esperanza
lograrás con Rosicler
mi hermano y fénix de Tracia,
porque, siendo yo señora
de Francia, a Febo le basta,
y quédese Meridián
por rey invicto en Tartaria.

Malandrín   Porque así todos contentos
digamos que aquí se acaba
el encantado Castillo
de Lindabridis. Sus faltas
perdonad; porque el ingenio
lo ruega humilde a esas plantas.

Fin de la comedia

Libros a la carta

A la carta es un servicio especializado para
empresas,
librerías,
bibliotecas,
editoriales
y centros de enseñanza;
y permite confeccionar libros que, por su formato y concepción, sirven a los propósitos más específicos de estas instituciones.

Las empresas nos encargan ediciones personalizadas para marketing editorial o para regalos institucionales. Y los interesados solicitan, a título personal, ediciones antiguas, o no disponibles en el mercado; y las acompañan con notas y comentarios críticos.

Las ediciones tienen como apoyo un libro de estilo con todo tipo de referencias sobre los criterios de tratamiento tipográfico aplicados a nuestros libros que puede ser consultado en Linkgua-ediciones.com.

Linkgua edita por encargo diferentes versiones de una misma obra con distintos tratamientos ortotipográficos (actualizaciones de carácter divulgativo de un clásico, o versiones estrictamente fieles a la edición original de referencia).

Este servicio de ediciones a la carta le permitirá, si usted se dedica a la enseñanza, tener una forma de hacer pública su interpretación de un texto y, sobre una versión digitalizada «base», usted podrá introducir interpretaciones del texto fuente. Es un tópico que los profesores denuncien en clase los desmanes de una edición, o vayan comentando errores de interpretación de un texto y esta es una solución útil a esa necesidad del mundo académico.

Asimismo publicamos de manera sistemática, en un mismo catálogo, tesis doctorales y actas de congresos académicos, que son distribuidas a través de nuestra Web.

El servicio de «libros a la carta» funciona de dos formas.

1. Tenemos un fondo de libros digitalizados que usted puede personalizar en tiradas de al menos cinco ejemplares. Estas personalizaciones pueden ser de todo tipo: añadir notas de clase para uso de un grupo de estudiantes, introducir logos corporativos para uso con fines de marketing empresarial, etc. etc.

2. Buscamos libros descatalogados de otras editoriales y los reeditamos en tiradas cortas a petición de un cliente.

www.ingramcontent.com/pod-product-compliance
Lightning Source LLC
LaVergne TN
LVHW091220080426
835509LV00009B/1088